Helga Schuler

W0247733

30 Minuten
für erfolgreiche
Business-Telefonate

Die Deutsche Bibliothek – CIP-Einheitsaufnahme

Schuler, Helga:
30 Minuten für erfolgreiche Business-Telefonate /
Helga Schuler. - Offenbach : GABAL, 1999
(30-Minuten-Reihe)
ISBN 3-930799-97-9

Lektorat: Susanne von Ahn, Frankfurt/Main
Umschlag und Layout:
Vitting & Wagner Kommunikation, Darmstadt
Satz: Borris Balzer, Frankfurt/Main
Titelbild (Fond): Sandra Winter, Darmstadt
Druck und Verarbeitung: Salzland Druck, Staßfurt

© 1999: GABAL Verlag GmbH, Offenbach

Hinweis:
Dieses Buch ist sorgfältig erarbeitet worden. Dennoch erfolgen alle
Angaben ohne Gewähr. Weder Autorin noch Verlag können für eventuelle Nachteile oder Schäden, die aus den im Buch gemachten Hin-
weisen resultieren, eine Haftung übernehmen.

Printed in Germany

ISBN 3-930799-97-9

In 30 Minuten wissen Sie mehr!

Dieses Buch ist so konzipiert, dass Sie in kurzer Zeit prägnante und fundierte Informationen aufnehmen können. Mit Hilfe eines Leitsystems werden Sie durch das Buch geführt. Es erlaubt Ihnen, innerhalb Ihres persönlichen Zeitkontingents (von 10 bis 30 Minuten) das Wesentliche zu erfassen.

Kurze Lesezeit
In 30 Minuten können Sie das ganze Buch lesen. Wenn Sie weniger Zeit haben, lesen Sie gezielt nur die Stellen, die für Sie wichtige Informationen beinhalten.

- Alle wichtigen Informationen sind blau gedruckt.

- Schlüsselfragen mit Seitenverweisen zu Beginn eines jeden Kapitels erlauben eine schnelle Orientierung: Sie blättern direkt auf die Seite, die Ihre Wissenslücke schließt.

- *Zahlreiche Zusammenfassungen innerhalb der Kapitel erlauben das schnelle Querlesen. Sie sind blau gedruckt und zusätzlich durch ein Uhrsymbol gekennzeichnet, so dass sie leicht zu finden sind.*

- Ein Register erleichtert das Nachschlagen.

Inhalt

Vorwort

„Telefonieren kann doch jeder!"
... und dennoch ärgern Sie sich ständig, wenn Sie auf bequemem Weg (nämlich telefonisch) eine Frage schnell beantwortet haben möchten, eine Bestellung aufgeben oder vielleicht sogar reklamieren wollen. Oder haben Sie etwa noch nie wütend, verzweifelt oder einfach enttäuscht und unzufrieden den Hörer wieder aufgelegt?

Telefonieren kann doch jeder?
Wenn Sie Ihre Freunde und Kollegen fragen, ob ihnen Telefonieren schwer fällt, werden die meisten im Brustton der Überzeugung erklären, dass Telefonieren doch so einfach ist: Man hebt den Hörer ab, wählt und spricht dann, bzw. hebt den Hörer ab, meldet sich kurz und bündig und beantwortet den Anruf.

Aber so zu telefonieren, dass
- der Gesprächspartner zufrieden ist und Sie sich selbst dabei wohl fühlen
- Ihr Telefonat erfolgreich ist
- Sie die gesteckten Ziele erreichen
- Sie auch schwierige Gesprächssituationen meistern können, ohne in emotionalen Stress zu geraten,
ist nicht selbstverständlich.

Aktiv telefonieren
In allen Branchen wächst die Bedeutung eines kundenorientierten Telefonservices, denn wie kompetent und freundlich der Kunde am Telefon behandelt wird, ist

entscheidend für seinen Kaufentschluss. In einer Zeit, in der die Marktanteile immer mehr umkämpft sind und Kundenbindung ein wichtiges Unternehmensziel ist, kann es sich kein Unternehmen mehr leisten, sich nur auf die telefonischen Kontakte zu verlassen, die der Kunde selbst initiiert.

Professionell reagieren

Ein positives Gesprächsklima bei eingehenden Anrufen und in aktiven Telefonaten ist angesagt. Sonst wirken Sie unseriös und verlieren zu viel Zeit und Nerven durch tägliche „Kleinkriege" – und Sie verlieren Kunden.

Dieses Buch will Ihnen zeigen, wie Sie überzeugender, zielgerichteter, kundenorientierter und damit positiver und erfolgreicher telefonieren, kurz: wie Sie fit am Telefon werden.

Kontaktadresse:

Helga Schuler
PRISMA GmbH
Ferdinand-Porsche-Ring 17
63110 Rodgau
Tel.: 06106-69 10
Fax: 06106-1 63 73
e-mail: helga.schuler@prisma-gmbh.de

1. Die optimale Vorbereitung auf das Telefonat

Kennen Sie die wichtigsten „Beziehungsteufel", wenn Sie mit Ihnen bekannten Gesprächspartnern sprechen? *Seite 14*

Haben Sie Ihre Gesprächsziele immer vor Augen? *Seite 17*

Wissen Sie, wie Sie Gesprächshürden überwinden? *Seite 18*

Zu keinem anderen Kommunikationsmedium haben wir widersprüchlichere Gefühle als zum Telefon. In fast mystischer Weise schafft es die Illusion der Nähe des Gesprächspartners. Da es schnell große Entfernungen überbrückt, führt es Menschen in unzähligen Kontakten zusammen und macht einen unüberschaubaren direkten Informationsaustausch möglich.

Wo ist aber dann der Pferdefuß? Denn wer hat das Telefon in manchen Momenten nicht schon verflucht: wenn es uns bei wichtigen Arbeiten oder Gesprächen unterbricht und uns aus unseren Gedankengängen reißt, wenn uns jemand mit einem Wortschwall überfällt und wir nicht wissen, worum es überhaupt geht, wenn wir wieder einmal irgendwo in der Leitung „verhungern", den Gesprächspartner nicht erreichen, der versprochene Rückruf nicht erfolgt, telefonische Abmachungen nicht eingehalten werden ...

1.1 Positive (Ein)Stimmung – positive Wirkung

Kennen Sie auch jene Tage, an denen „man mit dem linken Fuß aufsteht" und, nachdem man den Kaffee verschüttet hat, natürlich gar nichts mehr funktionieren kann?

Diese Tage verlaufen deshalb so negativ, weil Sie sich selbst schon negativ programmiert haben („das kann ja nur noch schlimmer werden ..., mal seh'n, was heute noch alles passiert!") Die anderen Menschen erspüren, was Sie denken und fühlen, und reagieren entsprechend auf Sie. Am Telefon verstärkt sich dieser Effekt noch, weil es ja vor allem die Stimme ist, die Ihre Einstellung übermittelt. Glauben Sie deshalb nur nicht, dass Sie Ihren Gesprächspartner am anderen Ende der Leitung über Ihre Stimmung und Einstellung täuschen können – ob Sie nun anrufen oder angerufen werden. Ihre Stimme verrät selbst kleinste Gefühlsschwankungen.

Die Umwelt positiv gestalten

Ein unfreundliches Umfeld, ein lauter und ungemütlicher Arbeitsplatz, schlechtes „Handwerkszeug" (z. B. fehlende Arbeitsmaterialien, Preislisten usw.) wirken sich negativ auf Ihre Stimmung aus. Sie werden nervös, ungeduldig und unsicher. Überprüfen Sie also, was Sie in Ihrer Umgebung verändern können, damit Sie sich wohler fühlen. Dann können Sie selbstsicherer telefonieren und gelassener auf Anrufe reagieren. Hier haben Sie oft mehr Einfluss auf die Gestaltungsmöglichkeiten, als Sie glauben.

Für körperliche Fitness sorgen

Wer unausgeschlafen, ja vielleicht sogar verkatert telefoniert, braucht sich nicht zu wundern, wenn vom anderen Ende der Leitung nicht viel zurückkommt. Die Gespräche werden langatmig, zäh und haben selten einen zufrieden stellenden Abschluss. Terminieren Sie also vor allem Ihre wichtigen Telefonate so, dass Sie sich auf Ihren Gesprächspartner topfit einlassen können. Gehen Sie – auch im Sinne von erfolgreichen Telefonaten – sorgfältig mit sich um, und halten Sie sich körperlich fit.

Genügend Zeit einplanen
Zeitknappheit und zu viele unterschiedliche Tätigkeiten gleichzeitig (telefonieren kann man ja auch nebenbei ...) setzen Sie unter Stress, mit dem Ergebnis, dass Sie weder Ihre Telefonate noch die anderen Aufgaben sorgfältig erledigen. Versuchen Sie Ihre Telefonate möglichst zu terminieren, legen Sie mit Ihren Gesprächspartnern Anruftermine fest, an denen Sie beide Zeit haben. Wechseln Sie sich für die Beantwortung von eingehenden Telefonaten z. B. mit Kollegen ab.

Lächeln Sie am Telefon!
Dies ist das beste Mittel, sich selbst und die anderen positiv zu beeinflussen. Stress, Ärger, schlechte Laune, ja sogar Angst kommen im Berufs- und Privatleben immer wieder vor und werden sich nicht gänzlich vermeiden lassen. Lächeln ist das beste Gegenmittel, denn Sie lächeln nicht nur, weil Sie sich wohl fühlen, sondern indem Sie lächeln, können Sie sich auch selbst wieder positiv programmieren.

Freundlich melden und begrüßen
Der Grundstein für ein gutes Klima wird in den ersten Sekunden gelegt. Wer seinem Gesprächspartner nur seinen Nachnamen entgegenschleudert, vielleicht noch mit einem routinierten Gruß verbunden, verschenkt die Chance, gleich am Anfang aktiv Einfluss auf das Gespräch zu nehmen.
- Melden Sie sich sorgfältig in einem ganzen Satz, z. B. wenn Sie angerufen werden: „Guten Tag, hier ist die Prisma Unternehmensberatung, mein Name ist Helga Schuler."

- Wenn Sie selbst anrufen, sagen Sie: „Guten Tag, mein Name ist Schuler, Helga Schuler von der Prisma Unternehmensberatung aus Rodgau."

Motivationsübungen

Geben Sie Ihren negativen Gefühlen keine Chance, indem Sie sich von vornherein positiv programmieren. Dazu können Sie einige einfache Tricks anwenden.

- Legen Sie Ihre Stirn in Falten und machen Sie ein grimmiges und böses Gesicht. Versuchen Sie dann zu einem Kollegen oder Freund in freundlichem Ton zu sagen „Ich freue mich, Sie (dich) zu sehen!"

  Sie werden es selbst erleben: Wenn die Mimik gegensätzlich zum Ton Ihrer Aussage ist, wird es Ihnen in der Regel unmöglich sein, diese Aussage zu machen, ohne Ihren Gesichtsausdruck zu verändern.

- Lehnen Sie sich zurück und schließen Sie die Augen, denken Sie an das positivste Erlebnis, das Sie letzte Woche hatten.
  Lassen Sie dieses Erlebnis wie in einem Film vor sich ablaufen. Schauen Sie genau hin, was passiert ist, wie es passiert ist und was Sie dabei gefühlt und empfunden haben. Öffnen Sie dann langsam wieder die Augen und stellen Sie sich einmal vor, wie jetzt, in dieser Stimmung, Ihr nächstes Telefonat verlaufen würde.

Schreiben Sie auf, welche Gedanken, Gegenstände und Erinnerungen Sie positiv beeinflussen.

Lockerungsübungen:

Sich entspannen heißt lösen von Verkrampfungen.
Wenn Sie verkrampft sind und Ihnen etwas wehtut,
können Sie nicht positiv denken.
Sich zu entspannen kann man trainieren.

- Schulterbereich:

  Setzen Sie sich bequem auf einen Stuhl und lassen
  Sie die Arme seitlich hängen.

  Ziehen Sie die Schultern weit hoch und schieben Sie
  sie anschließend nach hinten.
  Verweilen Sie in dieser Position und halten Sie die
  Spannung über mehrere Atemzüge hinweg, ohne
  die Atmung anzuhalten!

  Lassen Sie dann die Schultern locker fallen und
  spüren Sie im Schulterbereich nach.

- Nackenbereich:

  Setzen Sie sich auf einen Stuhl und verschränken Sie
  die Hände hinter dem Kopf.

  Drücken Sie den Kopf mit den Händen nach vorne,
  während der Kopf nach hinten drückt.

  Verweilen Sie einige Atemzüge lang in dieser Position, ohne die Atmung anzuhalten.

  Lösen Sie anschließend langsam die Spannung.

Spüren Sie in sich hinein. Was haben Sie während der
Übungen empfunden? Wie fühlen Sie sich jetzt?

Telefonieren Sie möglichst in angenehmer Umgebung und nur, wenn Sie sich fit fühlen. Planen Sie genügend Zeit für Telefonate ein und lächeln Sie beim Sprechen – das wirkt sich positiv auf Ihre Stimme aus. Denken Sie immer daran: Ihre Stimmung überträgt sich über Ihre Stimme. Ihre Motivation und Ihre Lockerheit können Sie mit einfachen Übungen trainieren.

1.2 Die Einstellung zum Anrufer

Mit vielen Gesprächspartnern haben wir im Laufe der Zeit (und sei es auch ausschließlich telefonisch) eine Beziehung aufgebaut. Wir haben gemeinsame Erlebnisse, positive (z.B. der Blumenstrauß zum Geburtstag, der Großauftrag im letzten Jahr ...) und unangenehme (z.B. die Fehllieferung letzte Woche, das Missverständnis im letzten Gespräch), und wir wissen einiges voneinander (teilweise sogar Privates), unsere Kontakte haben also eine Geschichte. Und vor allem: Wir haben uns ein Bild von unserem Partner aufgebaut. Wenn dieser oder jener anruft, reagieren wir daher nach einem Schema, das wir im Kopf gespeichert haben. So schleichen sich „Beziehungsteufel" in unsere Gespräche ein, die eine gute Kommunikation behindern.

Beziehungsteufel
- Routine: Weil man ja mindestens einmal am Tag (einmal in der Woche) miteinander telefoniert, weiß man genau, was der andere will (oder glaubt das zumindest), und die Gespräche sind auf ein Minimum reduziert.

- Schubladendenken: „Den Kunden xy kenne ich, ich weiß genau, was der kauft und braucht. Das Produkt XY brauche ich dem eh' nicht anzubieten ..." oder „Dieser Klient kann dienstags sowieso nie ..." Mit dieser Einstellung kann niemand eine engagierte, aktive und kompetente Ausstrahlung vermitteln.
- Rollenzuweisung: „Dieser Kunde ist immer am Nörgeln ... Sicherlich hat er jetzt schon wieder eine Beanstandung, außerdem redet er immer viel zu schnell, zu wirr und zu unverständlich."

Derart abgestempelte Gesprächspartner werden sich in der Regel auch weiterhin so verhalten, wie wir es erwarten, wie es der Rolle entspricht, die wir ihnen jeweils zugewiesen haben.

Jeden Gesprächspartner als Individuum behandeln
Dies bedeutet, dass Sie dem anderen respektvoll und höflich begegnen. Auch dann, wenn sein Verhalten nicht ganz Ihren Vorstellungen entspricht (falls er die Gebrauchsanweisung nicht gelesen hat, Ihre Erklärung nicht beim ersten Mal begreift ...). Gestehen Sie auch Ihren Bestandskunden zu, dass sie sich verändern können. (Wenn einer mal sauer ist, muss er noch lange kein Dauernörgler sein.)

Offen sein für die Anliegen anderer
Machen Sie sich klar: Für den Gesprächspartner ist sein Problem momentan wichtig, es setzt ihn möglicherweise gerade unter Druck. Die Lösung eines – für Sie – einfachen und alltäglichen Problems kann für den anderen eine enorme Hilfe darstellen.

Den anderen ausreden lassen

Unterbrechen Sie ihn nicht, hören Sie geduldig zu – auch wenn er Ihrer Meinung nach zu weit ausholt und seine Frage nicht auf den Punkt bringt. Dies bedeutet nur, dass er unsicher ist und Ihre Hilfe braucht.

In ganzen Sätzen sprechen

Telegrammstil am Telefon signalisiert Missachtung dem anderen gegenüber. Schließlich sind Sie kein Computer. Bringen Sie vielmehr Ihren persönlichen „touch" in das Gespräch ein.

Sich in die Lage des anderen versetzen

Versetzen Sie sich immer wieder in die Situation des Kunden. Auch Kunden, die häufiger anrufen, erleben ihre Probleme in unterschiedlicher Intensität. Die verspätete Lieferung führt in dem einen Fall zu panischen Reaktionen, zu einem anderen Zeitpunkt wird die Verzögerung als gar nicht tragisch empfunden.

 Geben Sie den „Beziehungsteufeln" Routine, Schubladendenken und Rollenzuweisung keine Chance. Behandeln Sie jeden Anrufer gleichermaßen offen und vorurteilsfrei, und gehen Sie auf seine Vorstellungen ein.

1.3 Die Gesprächsziele definieren

Wenn Sie selbst anrufen, überlegen Sie vor jedem Telefonat genau, wen Sie anrufen und warum Sie anrufen. Wenn Sie Ihre aktiven Telefonate nicht planen, verlaufen diese nach dem Zufallsprinzip. Bedenken Sie stets: Nur wer ein Ziel hat, kann auch ankommen.

Definieren Sie ein konkretes Anrufziel
Wollen Sie einen Termin vereinbaren, ist es Ihr Ziel, erst einmal Interesse für Ihr Produkt zu wecken, oder möchten Sie einen Verkaufsabschluss erreichen?
Möchten Sie reklamieren? Oder wollen Sie einen Kontakt durch Interessebekundung aufrecht erhalten oder erneuern? Ihr Ziel bestimmt Ihre Argumentationslinie:

- Wenn Sie z.B. einen Termin vereinbaren wollen, werden Sie alle Einzelfragen auf das persönliche Gespräch hinlenken: „Herr ..., diese Fragen kann Ihnen unser Außendienstmitarbeiter Herr ... im persönlichen Gespräch ausführlich erklären. Wann passt es Ihnen denn am besten?"
- Wollen Sie direkt verkaufen, werden Sie Fragen nach dem Produkt als Kaufsignal behandeln und mit der entsprechenden Nutzenargumentation (siehe Seiten 38 und 57) verstärken.

Wie sollen die Gespräche verlaufen?
Schreiben Sie sich für Ihre Telefonate ein Skript als roten Faden, in dem Sie die Gesprächsstruktur skizzieren. Welche Fragen möchten Sie stellen? Wie wollen Sie argumentieren (siehe Seite 65)? Auf einem Reportbogen (siehe Seite 66) sollten Sie die Antworten auf Ihre Fragen und die Ergebnisse des jeweiligen Gesprächs festhalten. Bereiten Sie für Ihre Angebote und für eventuelle Einwände Formulierungen vor (Argumentationshilfen, siehe Seite 61).

Legen Sie vor jedem Anruf fest, was Sie erreichen wollen. Überlegen Sie auch, wie das Gespräch verlaufen soll. Erstellen Sie ein Skript als Gesprächsleitfaden, und überprüfen Sie hinterher mit Hilfe eines Reportbogens, ob Sie Ihre Ziele erreicht haben.

1.4 Gesprächshürden überwinden

„Wie fang ich an ...?" Eine wichtige Frage für die meisten, die aktiv telefonieren wollen. Der Einstieg in ein Telefonat, vor allem dann, wenn Sie einen Unbekannten anrufen sollen, ist oft eine Hürde, die Sie blockiert. Doch wer die ersten Erfolge einmal hinter sich hat, kann sich fast nicht mehr vorstellen, dass dies einmal ein Problem war.

Schauen Sie sich also die Hürden, über die Sie hinweg müssen, einmal genauer an.

Hürde Nr. 1: Die eigene Einstellung

Gestehen Sie sich ein, welche Hemmungen Sie haben, mit einem aktiven Telefonat zu beginnen. Unterscheiden Sie zwischen den Vorwänden, die Sie künstlich schaffen (keine Zeit), und Ihrer wirklichen inneren Schwellenangst. Das Bewusstmachen dieser inneren Schwelle (die sich meist in folgenden Worten äußert: „Der Kunde könnte sich gestört fühlen, wenn ich anrufe" oder „Ich habe Angst, den Kunden mit meinem Anruf zu belästigen") hilft Ihnen sicherlich ein wenig, die eigenen Ängste zu überwinden. Doch den endgültigen Sprung ins kalte Wasser müssen – und werden – Sie selbst wagen.

Hürde Nr. 2: Der richtige Ansprechpartner
Definieren Sie möglichst genau, welche Zuständigkeit
und Verantwortlichkeit Ihr kompetenter Gesprächspartner haben muss. Stellen Sie schon an der Telefonzentrale eine möglichst konkrete Frage nach dieser
Zuständigkeit und Verantwortlichkeit.

- Wenn Sie nur eine Bedarfsanalyse über die Reisege-
  wohnheiten und die Reiseplanung der Führungskräfte machen wollen, reicht es, wenn Sie die dafür
  zuständigen Sekretärinnen sprechen: „Bitte, wer ist
  in Ihrem Hause für die Planung der Geschäftsreisen
  Ihrer Führungskräfte zuständig?"
- Wenn Sie direkt verkaufen wollen, ist es wichtig, dass
  Sie die verantwortlichen und entscheidungsberech-
  tigten Personen an die Strippe bekommen: „Bitte,
  wer ist in Ihrem Unternehmen verantwortlich für
  den Einkauf von Schnellbauschrauben?"

Da die Mitarbeiter in den Telefonzentralen oft überfor-
dert sind, fragen Sie bei der Person, an die Sie vermittelt
werden, unbedingt nochmals nach, ob Sie richtig sind:
„Herr/Frau ..., ist es richtig, dass Sie für ...
zuständig/verantwortlich sind?"

Hürde Nr. 3: Die Vorzimmer-Barriere
Nehmen Sie die Sekretärin in ihrer Funktion als „Wäch-
ter" über die Telefonate und Termine des Chefs ernst:
„Frau ..., es geht um ein Gespräch mit Herrn ... zum
Thema ... Wann, denken Sie, ist er telefonisch am besten
zu erreichen?" Gewinnen Sie sie als Verbündete: „Frau
..., Sie können mir bestimmt helfen, wie ich Herrn/Frau
... am günstigsten erreichen kann!? Schlagen Sie mir

bitte vor, wann ich nochmals anrufen sollte?" Die
„Worum-geht-es-Frage" beantworten Sie am besten mit
einer kurzen, knappen Aussage, die der Sekretärin deutlich macht, dass dies nicht in ihren Kompetenzbereich
gehört: „Frau ..., es geht um die Effizienzsteigerung
durch den Einsatz von ... in Ihrem Vertrieb."

Hürde Nr. 4: Die Gedanken des Ansprechpartners

Überfallen Sie Ihren Ansprechpartner nicht „kalt" mit
Ihrem Anliegen, sondern sorgen Sie für eine „Anwärm-
phase". Dazu gehören die Abklärung seiner Zuständig-
bzw. Verantwortlichkeit, Ihre Vorstellung und die Ihres
Unternehmens und das Hinführen zum Anrufgrund.
Dies trifft nicht nur auf unbekannte Gesprächspartner
zu. Auch ein Ihnen vertrauter Partner braucht sein
„Warming-up" für das Gespräch mit Ihnen: „Herr/
Frau ..., wir hatten uns im letzten Telefonat ja über ...
unterhalten. Erinnern Sie sich? Und dann haben wir
Ihnen ein Angebot über ... geschickt ..." Der Anfang
Ihres Gesprächs mit dem Ansprechpartner muss also
zum Ziel haben, den (geistigen und emotionalen) Kon-
takt zu knüpfen und die für Ihr Gespräch notwendige
positive Atmosphäre zu schaffen.

Was Sie am Telefon besser lassen sollten

Für die schnelle und direkte Informationsübermittlung
ist das Telefon wie geschaffen. Es transportiert aber
schlecht Gefühle. Da die Körpersprache ausgeschaltet
ist, kann es leicht zu Missverständnissen kommen. Also
vermeiden Sie möglichst die Erörterung von Psycho-
problemen. In einem Business-Telefonat sollten Sie Folgendes unterlassen:

- Preisgespräche bei großen Projekten und erklärungs-
bedürftigen Produkten. Sie sind am Telefon in der
Regel nicht in der Lage, die Kompliziertheit und
Mehrdimensionalität von Dingen zu erklären, da Sie
nichts zeigen können.
- mit einem neuen Geschäftspartner in tief gehende
Verhandlungen einsteigen. Dies ist problematisch,
weil Sie ihn noch nicht persönlich einschätzen können. Es gilt noch immer: Körpersprache verrät, was
Worte verschweigen.
- eine Geschäftsbeziehung beenden. Am Telefon ist es
– aufgrund der Anonymität – oft sehr einfach, etwas
zu lösen, was Ihnen nachher vielleicht Leid tut. Mit
Geschäftspartnern sollten Sie nicht leichtfertig brechen. Geben Sie dem Partner in einem persönlichen
Gespräch die Chance zur Wiedergutmachung.

Bereiten Sie sich auf Telefonate gut vor:
- *Telefonieren Sie, wenn möglich, in guter Stim-
mung.*
- *Stellen Sie sich vorurteilsfrei auf Ihren Gesprächs-
partner ein.*
- *Planen Sie aktive Telefonate mit Hilfe eines roten
Fadens (Skript).*
- *Machen Sie sich Gedanken darüber, wie Sie
Hürden – die Telefonzentrale oder die Chef-
sekretärin, aber auch Ihre eigenen Hemmungen –
überwinden.*
- *Erledigen Sie längere Konfliktgespräche lieber
nicht telefonisch.*

2. Ein gutes Gesprächsklima schaffen

Wissen Sie, wie Sie richtig mit Ihrer Stimme umgehen? Seite 25

Können Sie aktiv zuhören? Seite 28

Wissen Sie um den Unterschied und die Bedeutung von Sach- und Beziehungsebene in einem Gespräch? Seite 31

Am Telefon den richtigen Eindruck zu machen ist gar nicht so einfach, denn Sekunden entscheiden oft darüber, wie man ankommt. Und dann ist da auch noch die Unsicherheit über den Gesprächspartner, den wir nicht sehen können. In einem persönlichen Gespräch reagieren wir zu 70 Prozent auf die Körpersprache und das Umfeld des anderen. Am Telefon können wir uns nur anhand der Stimme des Partners ein Bild machen.

2.1　Der Ton macht die Musik

Stimme und Sprechweise sind entscheidend beim Telefonieren. Sie übertragen unsere Ausstrahlung, sie beeinflussen das Gesprächsklima, sie prägen die Beziehung zum Gesprächspartner und entscheiden über unsere Überzeugungskraft und Wirkung.

Fällt Ihnen etwa nicht spontan jemand ein, den Sie einfach aufgrund seiner Stimmführung am Telefon unsympathisch finden? (Mal abgesehen davon, ob Sie diesem armen Menschen damit Unrecht tun oder nicht ...) Oder wie oft haben Sie sich schon z.B bei einer telefonischen Bestellung über die monotone und stereotype Abfrage geärgert? Und stellen Sie sich einmal vor, es sagt zu Ihnen jemand am Telefon in gelangweiltem, desinteressiertem Tonfall: „... ich werde mich um die Angelegenheit kümmern ...". Sicherlich sind Sie skeptisch, ob er sich wirklich kümmern wird. Denn Sie haben die „indirekte Botschaft" gehört: „... ich habe eigentlich gar keine Lust ..." – und diese erzeugt berechtigtes Misstrauen.

Wenn Sie aber die Beziehungen zu Ihren Kunden, Kollegen und Freunden aktiv und bewusst entwickeln wollen, so sind Glaubwürdigkeit und Vertrauen wichtige Elemente. Deshalb muss der, der überzeugen will, mit der Stimme das Gleiche ausdrücken wie mit seinen Worten.

Entspannte Atmung

Kurze und laute Atmung übermittelt Ihrem Gesprächspartner, dass Sie in Hektik sind. Greifen Sie nicht zum Hörer, wenn Sie gerade einen Sprint über drei Stockwerke hinter sich haben und völlig aus der Puste sind. Atmen Sie erst einmal tief durch, stellen Sie sich vor Ihrem geistigen Auge ein Haustier vor und reden Sie – immer noch insgeheim – auf dieses beruhigend ein: „Braver Kater, ruhig, ganz ruhig ...“

Körpersprache einsetzen

Am Telefon auf die Körpersprache achten, wo mich der andere doch gar nicht sieht? Stimmt, aber er hört Ihre Körperhaltung. Denn die Körperhaltung beeinflusst nachhaltig die Stimme. Besonders in Stresssituationen neigen wir uns meist reflexartig nach vorn und „erstarren". Die Stimme klingt dann angespannt und gepresst. Lehnen Sie sich also beim Telefonieren entspannt zurück, schwierige Telefonate sollten Sie auch mal im Stehen führen. So kommt eine größere Luftsäule in Ihrem Körper zum Schwingen. Durch den größeren Resonanzraum wird die Stimme voller und etwas tiefer. Sie wirken gleich ruhiger und entspannter. Stellen Sie sich vor, Ihr Gesprächspartner sitzt Ihnen gegenüber. Sie können sich dann besser auf ihn einstellen.

Das richtige Sprechtempo wählen

Durch die angemessene Sprechgeschwindigkeit versteht Sie Ihr Gesprächspartner am besten. Zu schnelles Sprechen führt zu Missverständnissen und auch zu Misstrauen. Wer zu schnell spricht, wird leicht als jemand eingestuft, der den anderen über den Tisch ziehen will. Zu langsames Reden klingt oft langweilig und zu wenig engagiert. Grundsätzlich gilt: Passen Sie Ihr Sprechtempo dem des Gesprächspartners an und der Situation, in der Sie gerade mit ihm sprechen.

Volumen und Klang in der Stimme

Zu lautes Sprechen wirkt hektisch und behindert die Kommunikation. Jemand, der zu leise spricht, muss damit rechnen, dass andere ihn als unsicher einstufen. Auch hier empfiehlt es sich, Ihre Lautstärke der des Gesprächspartners anzugleichen.

Mit dem Klang der Stimme ist es schon etwas schwieriger. Sicher kennen Sie Leute – vielleicht gehören Sie auch dazu – die am Telefon mit einer völlig anderen Stimme reden als normal. Vor allem Frauen neigen dazu, gerade in Stresssituationen viel zu hoch und unnatürlich zu sprechen. Dies erweckt den Eindruck von Inkompetenz, vom „Telefonmäuschen", das keine Ahnung hat. Den Klang der Stimme können Sie im Wesentlichen durch eine aufrechte Körperhaltung und bewusstes Atmen beeinflussen.

Akzente durch gute Modulation

Monotones Sprechen und der „Routine-Sing-Sang" von Menschen, die viel telefonieren, z. B. von Mitarbeiterinnen in der Telefonzentrale („Momäänt, ich verbiindeee") wirken unnatürlich und unpersönlich. Übermäßig routiniertes Sprechen, beispielsweise eine geleierte Begrüßung, erzeugt keinerlei Interesse. Gute Modulation, ein deutliches Anheben und Senken der Stimme, Höhen und Tiefen dort, wo Sie Akzente setzen und Gefühle deutlich werden lassen wollen, ruft Aufmerksamkeit hervor und hilft Ihnen, Ihre Persönlichkeit lebendig zum Ausdruck zu bringen.

Stimmübungen

- „Stimmhaftes Kauen"

  Stellen Sie sich vor, dass Sie gutes Essen im Mund zerkleinern. Bewegen Sie beim Kauen kräftig den Kiefer und produzieren Sie Töne: „jam, jam, jam, jam."
  Diese Übung hilft Ihnen, Ihre eigene Stimmlage zu finden.

- Die Mundhöhle und der Nasen-Rachen-Raum sind die Klangkörper unserer Stimme. Die Stimme kommt erst dann zum Tragen, wenn sie Platz zum Klingen hat.
  Gehen Sie mit der Zungenspitze nach oben hinten zum hinteren Gaumen und fahren Sie dort mit der Zungenspitze langsam hin und her. Der Mundraum weitet sich, der Kehlkopf senkt sich. Spüren Sie dem dadurch entstandenen Raum im Mund nach.
  Durch diese Übung wird Resonanzraum geschaffen. Ihre Stimme bekommt dadurch mehr Klang, Fülle und Ausstrahlung.

*Durch entspannte Atmung, lebendige Körpersprache,
ein angemessenes Sprechtempo und eine gute Modulation geben Sie Ihrer Stimme eine angenehme und
überzeugende Wirkung.*

2.2 Blickkontakt am Telefon: aktiv zuhören

Die Anonymität am Telefon ist oft unser Haupthinder-
nis für erfolgreiche Gespräche. Das Telefon ermöglicht
zwar den direkten Dialog, aber durch den fehlenden
Sichtkontakt können wir die Situation am anderen Ende
des Drahtes oft nur schwer einschätzen.

Alle unsere körpersprachlichen Beeinflussungsmög-
lichkeiten fallen weg, wie z.B. der Blickkontakt, die
unterstreichende Geste, die vertrauliche Berührung.
Auch das Nicken, das dem Gesprächspartner Aufmerksamkeit und Interesse sowohl an dem, was er sagt,
als auch an seiner Person signalisiert, kann am Telefon
nicht wirksam werden. Sie können Ihrem Gesprächspartner jedoch näher kommen, indem Sie, bildlich gese-
hen, Blickkontakt zu ihm aufnehmen.

Den anderen mit Namen ansprechen
Eine alte, noch immer gültige (und immer wieder miss-
achtete) Weisheit: Nichts gehört so sehr zur Persönlichkeit wie der eigene Name. Wenn Sie Ihren Gesprächspartner beim Namen nennen, brechen Sie das
Eis und machen den ersten Schritt zu einem vertrauten
Verhältnis. Jeder hört seinen Namen gern und fühlt sich,

beim Namen genannt, ernst genommen. Übrigens, die persönliche Anrede wirkt nicht nur bei Ihrem direkten Verhandlungspartner. Gerade Sekretärinnen und andere Mitarbeiter im Umfeld, mit denen Sie Kontakt haben, werden gleich viel kooperationsbereiter (wenn Sie z.B. einen Termin beim Chef wollen), wenn Sie sie aus der Anonymität herausbefördern.

Aktiv zuhören

Zuhören (können) macht sympathisch und ist eine der wichtigsten Verhaltensweisen, um Vertrauen aufzubauen. Außerdem erfahren Sie so viel mehr über die Gedanken Ihres Gesprächspartners – über seine Hinter- und Beweggründe.

Wenn Sie am Telefon das Gesagte nur schweigend verarbeiten, wird der Partner am anderen Ende der Strippe Sie bald fragen, ob Sie überhaupt noch da sind. Dies vermeiden Sie durch aktives Zuhören. Damit zeigen Sie dem anderen, dass Sie ihn ernst nehmen.

Aktives Zuhören heißt:

- Lassen Sie Aufmerksamkeiten hören, wie „mhmm", „ach ja", „aha", „interessant".
- Wiederholen Sie wichtige, interessante Aussagen des Partners.
- Machen Sie Rückformulierungen: Wiederholen Sie das Gesagte dem Inhalt gemäß, oder sprechen Sie aus, was Sie hinter einer Botschaft vermuten.
  Sie können Rückformulierungen entweder durch ein „Fragezeichen in der Stimme" (Stimme am Satzende anheben) aussprechen oder durch „Sie meinen also, ...", „das heißt also, ..." einleiten.

Richtig hinhören

Hören Sie Zwischentöne heraus, die Ihnen die gefühls-
mäßige Situation des anderen verraten. Sprechen Sie
diese an, um den emotionalen Kontakt zum Gesprächspartner zu knüpfen. Der allseits beliebte Gesprächseinstieg „Wie geht's Ihnen ..." führt meist eher zum Aus-
tausch von Floskeln wie „Es muss halt immer so
weitergehn ..." und distanziert Sie manchmal mehr, weil
der Gesprächspartner gar nicht so richtig weiß, was er
Ihnen sagen soll. Besser ist es, wenn Sie gut auf seine
gefühlsmäßigen Botschaften achten, die er Ihnen mit
seiner Stimme sendet. Durch sie können Sie den direkten Draht zum Partner bekommen. Formulieren Sie
jedoch vorsichtig, je nachdem, wie vertraut Sie mit dem
anderen sind: „Sie hören sich nicht sehr begeistert an,
was die neue Situation betrifft", „Sie klingen heute
besonders gut gelaunt ... Sind das noch die Nachwir-
kungen Ihres Urlaubs?"

Situationsspezifische Gegebenheiten

Wenn Sie Ihren Gesprächspartner im falschen Moment,
in der falschen Situation antreffen, kann dies einen
Knock-out für Ihr Gespräch bedeuten. Sie können sich
aber die Situation auch vorteilhaft zunutze machen.
Hören Sie genau hin, und sprechen Sie etwas Positives
aus dem Hintergrund oder Umfeld an: „Oh, Frau ...,
sind Sie jetzt nicht an Ihrem Arbeitsplatz?" (wenn Frau
... von irgendwo herbeigerufen wurde), „Da bin ich ja
froh, dass ich Sie gleich erreiche, wo Sie doch so viel
unterwegs sind." Sie zeigen so, dass Sie an der Situation
Ihres Gesprächspartners Anteil nehmen und ihn nicht
einfach überfallen.

Durch aktives Zuhören gewinnen Sie Kontakt zu Ihrem Gesprächspartner. Aktives Zuhören heißt, dem anderen durch Aufmerksamkeitssignale, Wiederholungen und Rückformulierungen Bestätigung zu geben.

2.3 Die Gefühlsebene berücksichtigen

Ihr Gesprächspartner vermittelt Ihnen mehr als nur Sachinhalte, wie das folgende Beispiel zeigt:

Kundin: „Ich möchte gern die Bestellung für ein Kleid stornieren ..."

Verkäufer: „Da brauche ich Ihre Kundennummer."

K: „... der Ball, zu dem ich es tragen wollte, ist jetzt nämlich schon rum!"

V: „Aber die Stornierung ist kein Problem, ich brauch halt nur Ihre Kundennummer."

K: „Moment mal ... 357421, stellen Sie sich vor, vor sechs Wochen habe ich es schon bestellt und hatte mich so darauf gefreut, es am Abschlussball meines Sohnes zu tragen!"

V: „Tja, ich seh gerade im Computer, dass der Lieferant nicht mehr liefert."

K: „Ja, warum haben Sie mir denn da nicht Bescheid gesagt?"

V: „Eine Nachricht an Sie ist ja unterwegs ..."

K: „Das hilft mir jetzt auch nicht mehr ... Dies ist das letzte Mal, dass ich in Ihrem Haus etwas bestellt habe!"

V: „Aber wir können doch nichts dafür, wenn uns ein Lieferant hängen lässt! Sie hätten ja früher nachfragen können ..."

Den weiteren Verlauf des Gesprächs können Sie sich sicherlich vorstellen ...

Was ist passiert?
Der Verkäufer kommt nicht weiter, weil er nicht auf die emotionalen Botschaften der Kundin eingeht, die sie ihm – wenn auch zwischen den Zeilen – sendet: „Schade, dass ich mein gewünschtes Kleid nicht bekommen habe, ich bin enttäuscht, etwas hilflos ...“

Wer gut kommunizieren will, muss die zwei Ebenen der Kommunikation berücksichtigen: die Sachebene und die Beziehungs-/Gefühlsebene.
- Auf der Sachebene geht es um den Inhalt, das Thema, die sachliche Information.
- Auf der Beziehungsebene geht es um die Einstellung, die Gefühle, die Beziehung zum Thema und zum Gesprächspartner. Hier schwingen unsere Interessen, Vorlieben, Erwartungen und Wünsche mit.

Das Ergebnis eines Telefonats misst sich nicht nur am sachlichen Resultat, sondern auch am emotionalen Kontakt.

Zwischen den Zeilen lesen
Nur wenn Sie die „indirekten Botschaften“ Ihres Partners erkennen, können Sie auf seine Wünsche und Bedürfnisse eingehen. Bleiben Sie nur auf der sachlichen Ebene, besteht die Gefahr, dass Sie aneinander vorbeireden. Es ist sinnvoll, dem Partner seine Gefühle rückzuformulieren, so wie Sie diese herausgehört haben: „Wie pünktlich können Sie liefern?“, „Das hört sich so

an, als ob Sie ganz schön unter Druck stehen ... Sie brauchen die Ware sicherlich zu einem besonderen Datum?" oder „Irgendwie haben Sie jetzt noch Bedenken ... was hindert Sie momentan noch an einem Abschluss?"

Sich in den anderen hineinversetzen
Sie verstehen so besser, was ihn bewegt und was er fühlt. Aus Ihrer Sicht sehen Probleme oft ganz anders aus als aus der Perspektive am anderen Ende der Leitung. Die Stornierung eines Auftrags mag beispielsweise für Sie – zumindest aus technischer Sicht – kein Problem sein. Für Ihre Kundin dagegen steckt vielleicht eine Leidensgeschichte dahinter!

„Aber" vermeiden
Mit einer Ja-Aber-Argumentation gehen Sie automatisch auf emotionalen Konfrontationskurs. Sie zwingen den anderen förmlich, ein Gegenargument zu finden, das er auch mit „aber" beginnen wird.
Statt folgende Formulierungen zu benutzen: „Sie haben aber bestimmt zu spät bestellt ...", „Aber Sie haben zu spät die Ware weggeschickt ...", sagen Sie besser: „Wann haben Sie bestellt?"

Positiv formulieren
In unserem Gehirn ist in der linken Hirnhälfte die Spracherkennung, also das gesprochene Wort, und in der rechten Hirnhälfte die Sinnerkennung, also die Bedeutung des Wortes, angelegt. Wir stellen uns zunächst einmal alles positiv vor und verneinen gegebenenfalls anschließend. Dieser Vorgang der Verneinung ist bei Unkonzentriertheit, Ärger oder Unsicherheit

verlangsamt. Die Verneinung wird so leicht „überhört". Wenn z. B. jemand sagt: „Denken Sie auf keinen Fall an eine weiße Maus!", haben Sie die weiße Maus sofort vor Ihrem geistigen Auge.

Wenn Sie positiv formulieren, beugen Sie Missverständnissen vor und stimmen den Partner gleichzeitig eher positiv ein.

Beispiele für positive Formulierungen:
- Statt: „Im Büro nicht rauchen"
  besser: „Rauchen nur im Pausenraum"
- Statt: „Das Betreten des Rasens ist verboten."
  besser: „Bleiben Sie auf den Gehwegen."

Vermeiden Sie, wenn irgend möglich, die stärksten Negativ-Wörter: „nein", „nicht" oder „nie".

Um ein angenehmes Gesprächsklima zu erreichen,
- *achten Sie auf die richtige Stimmführung*
- *hören Sie Ihrem Gesprächspartner aktiv zu*
- *berücksichtigen Sie neben der Sachebene in jedem Gespräch auch die Beziehungsebene, d. h., achten Sie auf indirekte Botschaften zwischen den Zeilen*
- *gehen Sie auf Ihren Gesprächspartner ein.*

3. Das Telefonat gestalten

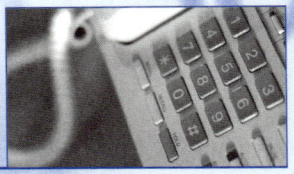

Kennen Sie die wichtigsten Fragetechniken für die erfolgreiche Gesprächsführung? Seite 36

Wissen Sie, wie Sie mit Nutzenargumenten Brücken schlagen und überzeugen können? Seite 38

Gelingt Ihnen der Umgang mit Vielrednern, Schweigern und anderen unangenehmen Gesprächspartnern? Seite 42

Ein beliebter Fehler bei allen Arten von Telefonaten: Wir versuchen unseren Gesprächspartner mit vielen guten Worten und Argumenten anzusprechen und zu überzeugen. Wenn wir angerufen werden, harren wir in der Regel erst sehr abwartend darauf, was derjenige am anderen Ende der Leitung wohl will, um dann aber möglichst schnell zu reagieren, ihm z. B. die letzten Eintragungen im Computer vorzulesen oder uns in endlosen Rechtfertigungen, Erklärungen oder in „Beratungsgesprächen" zu verlieren. Und vor allem im aktiven Telefonmarketing glauben wir oft, weil wir aktiv den Kunden ansprechen, dass dies von uns einen besonderen Redeschwall fordert. Damit überfahren wir den Gesprächspartner und machen ihn in der Mehrzahl der Fälle mundtot.

3.1   Fragen statt sagen

Wenn Sie jedoch erfolgreich agieren wollen, sei es im Verkauf, im Service, in der Beratung oder in jedwedem Telefonat, müssen Sie auf zwei Grundvoraussetzungen achten:

1. Sie brauchen so viele Informationen wie möglich, sowohl sachlicher Art als auch über Hintergründe und situationsspezifische Gegebenheiten.
2. Sie müssen Ihren Gesprächspartner so aktivieren, dass er im günstigsten Falle sogar seine Lösung selbst findet. Je stärker der Partner selbst agiert, umso mehr wird sein Selbstwertgefühl sich steigern und umso zufriedener ist er. Er wird offen, zu kooperieren und zu kaufen.

Deshalb sind auch die meisten Vorbehalte, Fragen zu stellen, unbegründet. In der Regel beantworten Gesprächspartner gern Fragen und geben auch über heikle Dinge Auskunft (z. B. Wettbewerb, Budgets usw.).

Wer fragt, führt und schafft den Weg vom Monolog zum Dialog. Durch unterschiedliche Frageformen können Sie das Gespräch steuern.

Informationsfragen

Erfragen Sie das Wissen, das Sie brauchen, um Ihrem Partner die richtigen Vorschläge machen zu können. Hier geht es vor allem um Sachfragen, wie z. B. „Wann haben Sie die Bestellung storniert?", „Wie viele Mitarbeiter beschäftigen Sie?", „Wann ist eine Erweiterung Ihres Fuhrparks geplant?". Die meisten Informationen werden Sie auf offene Fragen erhalten, also auf Fragen, die nicht mit Ja oder Nein zu beantworten sind.

Offene Fragen

Sie werden durch die Fragewörter „was?", „wie?", „wo?", „wann?", „wer?", „welche?", „wofür?", „womit?", „wodurch?" eingeleitet. Wenn Sie möglichst breite Informationen wollen, versuchen Sie es doch einfach mal mit der Frage: „Was können Sie mir alles über diese Angelegenheit erzählen?"

Aktivierungsfragen

Indem Sie eine Reaktion provozieren, werden Sie auch einen schweigsamen Partner zum Sprechen bringen. Sie fordern ihn auf, nachzudenken, seine Meinung zu äußern und Stellung zu beziehen. Wenn er „laut nachdenkt", wird sein Entscheidungsprozess (oder auch in

Beratungsgesprächen sein Erkenntnisprozess) für Sie durchsichtiger: „Was halten Sie von unserem Vorschlag?", „Wie ist die Meinung Ihrer Kollegen darüber?", „Was tun Sie bisher, um das Problem zu lösen?"

Zukunftsfragen

Mit diesen entdecken Sie Hindernisse und Hemmnisse im Entscheidungsprozess und entwirren festgefahrene Gesprächssituationen (Kunde: „Ich möchte keine Veränderung herbeiführen ..." oder „Ihr Vorschlag bringt mir alles durcheinander ..."). Durch Zukunftsfragen fordern Sie Ihren Gesprächspartner auf, sich eine Situation, einen Zustand in der nahen Zukunft vorzustellen und sich diesen aus der Distanz der Gegenwart in Ruhe anzuschauen. So können vor allem auch Ängste vor einer Veränderung abgebaut werden, z. B: „Stellen Sie sich vor, Ihre ... wird auf EDV umgestellt, was wird sich verändern? Was werden die anderen Abteilungen dazu sagen? Wie wird der Vorstand reagieren? Welche Konsequenzen hat dies für Sie persönlich? Was wird passieren, wenn ...?"

„Mach-den-Sack-zu-Fragen"

Viele Verkaufs- und Beratungsgespräche dauern viel zu lange, weil sie zu keinem Schluss finden. Um „zum Punkt zu kommen" und eindeutige Informationen zu erhalten, eignen sich besonders Alternativfragen oder geschlossene Fragen, z. B.: „Möchten Sie den braunen oder den roten Rock?", „Sollen wir vor Ostern oder danach liefern?", „Ist es nun sicher, dass ein Monteur vorbeikommen kann?", „Ist das Budget für die Erneuerung genehmigt worden?"

*Mit der richtigen Fragetechnik können Sie ein Gespräch
steuern: Durch Informationsfragen erhalten Sie Auskunft, mit Aktivierungsfragen fördern Sie den Dialog,
Zukunftsfragen können Hemmnisse überwinden,
„Mach-den-Sack-zu-Fragen" führen zum Abschluss.*

3.2   Interesse wecken und überzeugen

Ganz egal, ob wir in einer Verhandlung unseren Stand-
punkt durchsetzen wollen, ob wir ein Produkt verkaufen möchten, im Service jemandem die richtige Leistung
anbieten wollen oder in der Reklamationsbehandlung
die richtige „Wiedergutmachung": Unsere Argumente –
und seien sie für uns selbst noch so einleuchtend – interessieren niemanden, solange er keinen Nutzen, keine
Vorteile für sich darin erkennen kann.

Mit Nutzenargumenten überzeugen
Wenn wir – z. B. im Verkauf – nur Produkteigenschaf-
ten aufzählen, ruft dies ebenso viel Interesse hervor wie
das Vorlesen des Fahrplans der Deutschen Bahn AG.
Erst wenn Sie an dem Problem, dem Bedarf oder
Bedürfnis Ihres Partners anknüpfen und aus diesem
Wissen Ihre Argumente gezielt formulieren, sind Sie auf
dem richtigen Weg, ihn zu interessieren. Nur wenn er in
Ihren Argumenten einen Vorteil für sich findet, entsteht
ein Anreiz für ihn, darüber nachzudenken, Ihrer Argu-
mentation zu folgen.
Gestalten Sie also Ihre Argumente als Brücke von Ihrem
Wissen über den Kunden (das Sie durch Ihre gezielten
Fragen gewonnen haben) zum Vorteil bzw. Nutzen für

den Kunden. Gute und gezielte Nutzenargumente sind wie Pfeile, die sich ins Fleisch des Gesprächspartners bohren und wirken.

Je mehr Nutzen der Gesprächspartner für sich erkennt, umso stärker ist Ihre Überzeugungskraft.

Brückenformulierungen
Einfache Brückenformulierungen sind:
- „das heißt für Sie also ..."
- „das hat für Sie den Vorteil ..."
- „Sie möchten also ..."
- „das bedeutet für Sie ..."

Beispiel:
„Wir haben einen zentralen Telefonservice eingerichtet, der rund um die Uhr besetzt ist. Das heißt für Sie, dass Sie uns jederzeit erreichen können, wenn Sie Fragen haben, und dass es im Störfall höchstens zwei Stunden dauert, bis ein Techniker bei Ihnen ist."

Mit Nutzenargumenten können Sie Brücken zum Gesprächspartner schlagen. Verwenden Sie dabei Brückenformulierungen.

Sie-Ansprache
Sagen Sie nicht: „Ich schicke Ihnen ...", sondern „Sie erhalten ...". Durch Sie-Formulierungen trainieren Sie sich selbst, kunden- und vorteilsorientiert zu formulieren. Der Gesprächspartner wird aufmerksamer und aufgeschlossener für Ihre Aussagen. Also nicht: „Ich beweise Ihnen ..." sondern: „Überzeugen Sie sich selbst ..."

„Starke" Formulierungen

Durch schwache Formulierungen schwächen Sie den Inhalt Ihrer Aussagen ab, Sie verunsichern Ihren Kunden und wirken inkompetent und wenig vertrauenswürdig. Verwenden Sie konkrete, aussagekräftige Formulierungen.

Sagen Sie z. B. statt „Ich werde versuchen, für Sie einen Techniker zu bestellen ..." „Ich kümmere mich persönlich darum, dass der Techniker morgen Ihre Maschine repariert".

Vermeiden Sie Konjunktive wie „Ich würde sagen ..." und „Weichmacher" wie „Vielleicht ist xy das richtige Produkt für Sie ..." oder „Eigentlich können wir erst nach Weihnachten liefern".

Argumenten den richtigen Nachdruck verleihen

- Leiten Sie ein wichtiges Argument immer mit der persönlichen Ansprache ein und machen Sie danach eine kurze Pause.

- Verpacken Sie Ihre Vorteilsargumente möglichst in Vergleiche oder Bilder. Diese erhöhen die Vorstellungsmöglichkeit beim Gesprächspartner und sprechen direkt die Gefühlsebene an: „Die Zentralverwaltung reagiert eher wie ein großes Tankschiff, eine Bewegung am Steuer führt erst langfristig zu einer Kurskorrektur. Deshalb ist es sinnvoller, das System in den Niederlassungen einzuführen, die eher wie kleine Schnellboote agieren, nämlich flexibler und schneller."

- Verdeutlichen Sie Ihre Argumente an Beispielen, die auf den Gesprächspartner zugeschnitten sind. So kann er sie besser nachvollziehen und akzeptieren.

Sprechen Sie den anderen mit Hilfe der Sie-Ansprache direkt an, verwenden Sie starke, klare Formulierungen, und verleihen Sie Ihren Argumenten entsprechend Nachdruck.

3.3 Wie Sie mit schwierigen Gesprächspartnern umgehen

Natürlich hängt vom Verhalten unseres Gesprächspartners auch einiges ab. Und manche machen es uns ja wirklich nicht leicht! Was nützt es Ihnen jedoch, wenn Sie ein destruktives, aggressives Gespräch durch das Aufknallen des Hörers hinter sich lassen und gehörig auf den Gesprächspartner schimpfen? Das Gespräch hat an Ihren Nerven gezehrt. Der Gesprächspartner ist ebenfalls sauer und betreibt in seinem Umkreis Negativpropaganda gegen Sie und Ihr Unternehmen. Schuldzuschreibungen bringen nichts.

Vielmehr sollte es gerade mit problematischen Gesprächspartnern Ihr Ziel sein, ein konstruktives, zielorientiertes Gespräch zu führen, in dem am Ende beide Partner nicht persönlich getroffen sind, sondern zufrieden den Hörer auflegen.

Was also tun,

- wenn Ihr Gesprächspartner ein Vielredner ist?
- wenn Ihr Gesprächspartner ein Schweiger ist?
- wenn Ihr Gesprächspartner aggressiv und ausfallend wird?
- wenn Ihr Gesprächspartner sich nicht entscheiden kann, sich nicht festlegen will?

Mit Vielrednern umgehen

Der Vielredner hält lange Monologe, lässt uns nicht zu Wort kommen, kommt „vom Hölzchen aufs Stöckchen", weicht vom Thema ab, hört nicht zu und unterbricht uns oft. Er wiederholt sich häufig und hört sich offensichtlich gerne reden.

Gesprächsziele
- Den Redefluss des Partners freundlich stoppen
- Den Partner zum Kern des Themas zurückführen
- Ein konstruktives, kooperatives Gespräch erreichen.

Tipps für das Gesprächsverhalten mit Vielrednern

- Nur selektiv aktiv zuhören, möglichst wenig Verstärker gebrauchen!
- Mit Namensansprache einhaken, dadurch hält der Vielredner kurz inne, und Sie haben die Möglichkeit, selbst zu argumentieren.
- Auf ein gemeinsames Ziel verpflichten: „Herr ..., damit wir beide schnell zu unserem Ziel kommen ..., schlage ich Ihnen vor ..."
- Das Gespräch strukturieren: „Herr ..., Sie haben da eine Menge wichtiger Dinge gesagt, die sollten wir der Reihe nach mal durchgehen. Fangen wir am besten mit ... an."
- Das Gespräch zusammenfassen und auf den – oft guten – Kern der Sache bringen: „Herr ..., es ist Ihnen also besonders wichtig, dass ... erledigt wird. Dies können wir innerhalb von einem Tag gewährleisten ..."

Mit Schweigern umgehen

Der Schweiger lässt ausschließlich uns reden, stellt keine Fragen, gibt keine Kommentare, ist wenig aktiv und beantwortet Fragen sehr sparsam, oft nur mit einzelnen Worten, mit Ja oder Nein. Er brummelt oft Unverständliches vor sich hin und macht lange Pausen.

Gesprächsziele:
- Den Gesprächspartner aktivieren
- Informationen und Feedback bekommen
- Den Dialog initiieren.

Tipps für das Gesprächsverhalten mit Schweigern

- Stellen Sie möglichst viele offene Fragen, um Informationen zu erhalten: „Was haben Sie bisher getan, um das Problem zu lösen?", und locken Sie den Partner durch Aktivierungsfragen aus der Reserve: „Welche anderen Vorschläge haben Sie, Herr ...?"
- Spielen Sie den Ball durch Rückformulierungen an den Gesprächspartner zurück; wenn er etwa gesagt hat: „Das kommt für mich gar nicht infrage", „Sie meinen, da brauchen Sie eher andere Produkte ...?"
- Hören Sie aktiv zu: Wenn der Gesprächspartner endlich etwas auftaut und mehrere zusammenhängende Sätze spricht, signalisieren Sie ihm, dass es wichtig ist, was er sagt. Dies zeigt ihm Ihre Aufmerksamkeit und verstärkt seinen Redefluss.
- Ertragen Sie die Pausen Ihres Gesprächspartners! Oft fällt es Ihnen schwerer, die Stille im Gespräch auszuhalten, als dem anderen.

- Wenn Sie sich sehr unsicher sind, sprechen Sie die Situation an: „Herr ..., Sie sind ja heute so kurz angebunden, haben Sie im Moment keinen Nerv für unser Gespräch?", „Herr ..., Sie sagen ja gar nichts dazu ..."

Mit aggressiven Gesprächspartnern umgehen

Manche Gesprächspartner reagieren mit persönlichen Angriffen, sind schnell beleidigt, unsachlich und emotionell. Sie verteilen „Rundumschläge" und verallgemeinern alles. Oft werden sie laut und brüllen sogar gerne, sind zynisch bis sarkastisch.

Gesprächsziele:
- Den Gesprächspartner beruhigen und Aggressionen abbauen
- Beleidigungen selbstbewusst abwehren
- Eine sachliche Klärung der Angelegenheit herbeiführen.

Tipps für das Gesprächsverhalten mit aggressiven Gesprächspartnern

- Atmen Sie bewusst, versuchen Sie, sich von der Aggression innerlich zu distanzieren. Stellen Sie sich vor, Ihr Gesprächspartner spiele in einem Film, der vor Ihnen abläuft.
- Hören Sie genau hin, was er Ihnen sagt, um Informationen zu bekommen, was die sachliche Ursache seiner Aggression ist.

- „Spiegeln" Sie ihm sein Verhalten: „Herrje, Herr ...,
Sie sind ja unheimlich sauer, irgendwas muss Sie ja
schrecklich verärgert haben ..."
- Zeigen Sie ihm Verständnis, vor allem dann, wenn er
„nur" aggressiv ist und nicht beleidigend. Denn:
Egal, woher diese Aggressionen kommen und wer
sie abbekommt, ob sie berechtigt sind oder nicht –
sie sind nun mal da und Sie müssen mit ihnen
umgehen, um zu einem konstruktiven Gespräch zu
gelangen.
- Und wenn alles nichts hilft? Senden Sie eine „Ich-
Botschaft", mit der Sie Ihrer Betroffenheit Ausdruck
verleihen. Dies zwingt den Gesprächspartner, sich
mit den Folgen seines Verhaltens auseinander zu setzen und macht ihn in der Regel gleich viel zahmer:
„Herr ..., also, es macht mich wirklich betroffen, in
welcher Schärfe Sie mir das vorwerfen ..."

Mit Entscheidungsschwachen umgehen

Manche Gesprächspartner winden sich ständig um eine
Entscheidung herum und wollen sich nicht festlegen. Sie
weichen uns immer aus, drücken sich um definitive
Zusagen herum, (Lieblingsformulierung: „Ja, aber ..."),
haben Fragen über Fragen, keine Antworten, weichen
konkreten Fragen aus, indem sie die Antwort unheimlich schwierig darstellen: „Das kann ich jetzt so einfach
gar nicht beantworten ..." Sie ergehen sich in Allge-
meinweisheiten und Empfehlungen: „Da müsste man
mal vorher ..." Durch Scheinzustimmung drücken sie
sich um die Diskussion: „Im Prinzip bin ich ja Ihrer
Meinung, aber ..."

Gesprächsziele:
- Dem Gesprächspartner Sicherheit geben
- Eine verbindliche Aussage/Zusage bekommen
- Den Gesprächspartner zur Entscheidung bringen.

Tipps für das Gesprächsverhalten mit Entscheidungsschwachen

- Stärken Sie das Selbstgefühl des Partners, sagen Sie ihm, wie viel Ihnen an seiner Meinung liegt, dass seine Entscheidung sehr wichtig ist und dass Sie verstehen, dass er es sich nicht leicht macht.
- Sammeln Sie alle positiven Aussagen, die er – und sei es zwischen den Zeilen – macht, bündeln Sie diese und schlagen Sie eine Konsequenz vor: „Herr ..., Sie sind also sicher, dass die Abteilung X hinter dem Projekt stehen würde, ebenso ein Mitglied des Vorstands. Das heißt doch, dass wir jetzt entsprechende Maßnahmen ergreifen müssen, um die anderen zu überzeugen."
- Führen Sie den Gesprächspartner mit Aktivierungsfragen zu einer Prioritätensetzung, was die Maßnahmen betrifft: „Herr ..., was ist aus Ihrer Sicht der entscheidende Punkt? Was brennt Ihnen am meisten unter den Nägeln? Welches Vorgehen finden Sie am angemessensten?"
- Versuchen Sie, den Gesprächspartner mit Feedback und Rückformulierungen auf den Punkt zu bringen, treiben Sie seine Denkansätze zu Entscheidungen weiter. Achtung! Nicht überfahren oder in die Ecke drängen, tasten Sie sich langsam an die Grenzen

heran: „Man müsste noch viel Überzeugungskraft leisten, insbesondere das Management im Innendienst ist ja so ablehnend ...", „Sie können sich z.B. vorstellen, bereichsspezifisch die Führungskräfte zusammenzufassen, um diese für das Projekt zu gewinnen?"

- Sichern Sie sich ausreichend ab, ob der Gesprächspartner seine Entscheidung wirklich getroffen hat und es ernst meint. Fassen Sie das Gesprächsergebnis zusammen und fragen Sie: „Ist das richtig so?" oder „Habe ich das so richtig verstanden?". Halten Sie genau die nächsten konkreten Schritte und Konsequenzen fest: „Wir werden also dann ... gemeinsam mit ... Folgendes veranlassen ..."

Gestalten Sie Ihre Telefongespräche aktiv:
- *Steuern Sie das Gespräch durch Fragen.*
- *Überzeugen Sie den Gesprächspartner durch Nutzenargumente.*
- *Verwenden Sie Sie-Formulierungen, um den anderen direkt anzusprechen.*
- *Stellen Sie sich auf schwierige Gesprächspartner ein.*
- *Lassen Sie sich nicht provozieren.*

4. Verkaufen am Telefon

Kennen Sie die Phasen eines Kundenkontakts?   *Seite 50*

Können Sie eine kundengerechte Bedarfsanalyse erstellen?
Seite 55

Wissen Sie, wie Sie Kundeneinwände als Kaufsignale für den Abschluss nutzen können?
Seite 62

Wer heute nur darauf wartet, dass sich Kunden selbst beim Unternehmen melden, wird angesichts der in vielen Branchen übersättigten Märkte ins Hintertreffen geraten. Die aktive Ansprache und Gewinnung von Neukunden ist ein Muss. Das Telefon spielt hier als kostengünstiges Medium eine große Rolle. Durch die telefonische Qualifizierung von „Kaltadressen" finden Sie schon im Telefonat heraus, ob hinter einer Adresse ein potenzieller Kunde für Sie steckt. Auch das Nachtelefonieren von Rückläufern aus der Werbung hilft schnell, zwischen Prospektesammlern und ernsthaften Interessenten zu trennen.

4.1 Die Phasen des Kundenkontakts

Doch das aktive Telefonmarketing sollte sich nicht ausschließlich auf die Neukundengewinnung konzentrieren. Auch die systematische Planung von aktiven telefonischen Kontakten mit bestehenden Kunden ist von großer Bedeutung. „Ein Kunde, der länger als zwei Monate nicht kontaktiert wurde, ist anfällig für den Mitbewerb." Dieses Zitat von George Walther, einem bekannten Telefonberater aus den USA, bringt es auf den Punkt. Und: Die Kundenrückgewinnung ist oft sogar effizienter als die Neukundengewinnung.

In den verschiedenen Phasen Ihres Kontakts zum Kunden gibt es vielfältige Möglichkeiten, diesen von Ihrer Seite aus aktiv und gezielt anzusprechen.

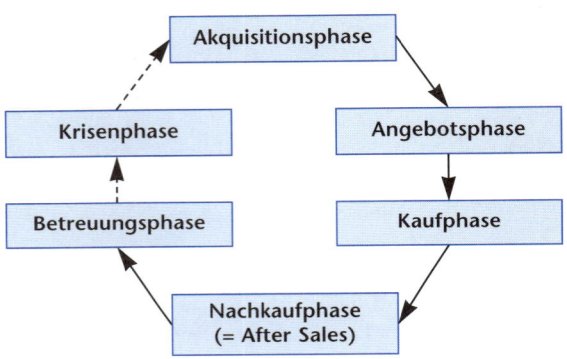

Kreislauf der Phasen in einem Kundenkontakt

Akquisitionsphase

Knüpfen Sie telefonisch erste persönliche Kontakte zu potenziellen Kunden. Ermitteln Sie den Bedarf, den ein möglicher Kunde hat. Erfragen Sie am Telefon, ob es die richtige Zeit ist, den Kunden auf Ihre Produkte anzusprechen. Bereiten Sie den Kontakt so vor, dass ein Außendienstbesuch stattfinden kann, oder bereiten Sie den Verkauf per Telefon vor. Diese Phase kostet besonders viel „Herzblut".

Angebotsphase

Bieten Sie dem (potenziellen) Kunden das seinem Bedarf entsprechende Produkt an. Je individueller Sie auf ihn, seine Wünsche, Vorstellungen und Bedürfnisse eingehen, umso größer sind Ihre Aussichten auf einen Abschluss. Bieten Sie nicht zu viele Produkte an – höchstens zwei bis drei Möglichkeiten. Der richtige Zeitpunkt ist hier ebenfalls entscheidend.

Kaufphase

Der Kunde hat das Angebot vorliegen und ist noch unsicher, ob er zugreifen soll. Möglicherweise gibt es noch Umstände, die ihn vom Kauf abhalten. Er zieht auch gegebenenfalls Angebote vom Mitbewerb hinzu und vergleicht. Argumentieren Sie auf den Kaufabschluss hin. Doch Achtung: Gerade wenn der Kunde noch zögert, sind eine besonders sensible Kontaktaufnahme und Gesprächsführung notwendig. Hintergründe von Einwänden müssen erkannt und behandelt werden. Jetzt sind auch verbindliche Formulierungen, die zur Entscheidung führen, wichtig.

Nachkaufphase

Der Kunde hat jetzt seine ersten Erfahrungen mit dem Produkt gemacht beziehungsweise Ihre Dienstleistung noch genau in Erinnerung. Es gilt jetzt, vor allem dann, wenn er negative Erlebnisse hatte, diese zu erfahren und aufzufangen. Sie haben in einem solchen Telefonat die Chance, vieles einfach wieder geradezubiegen. Hat der Kunde ausschließlich positive Erfahrungen gemacht: umso besser. Sie verstärken diese durch Ihren „Pflegeanruf" und sind sich seines nächsten Kaufs fast sicher.

Betreuungsphase

Der Kunde kauft jetzt regelmäßig. Die Kontakte sind meist von ihm selbst initiiert (Bestellungen, Anfragen usw.). Es besteht die Gefahr, dass die Telefonate zu routinemäßig behandelt werden. Rufen Sie ihn zu entsprechenden Anlässen regelmäßig an. Zum Beispiel wegen besonderer Angebote, die für ihn speziell infrage kommen, oder bitten Sie ihn um eine Referenz – schließlich ist er ein zufriedener Kunde von Ihnen, der Sie gerne weiterempfiehlt.

Krisenphase
Beobachten Sie den Bestellrhythmus des Kunden, und rufen Sie ihn bei Abweichungen und Besonderheiten an. Denken Sie daran: Mindestens ein Drittel aller unzufriedenen Kunden meldet sich nicht mehr bei Ihnen und stellt einfach die Kontakte ein. Freuen Sie sich also, wenn er Ihnen seine Unzufriedenheit mitteilt, und machen Sie die Krise zu einer Chance für die Festigung Ihrer Beziehung zum Kunden.

Wenn Sie dem Kunden jetzt helfen und ihm das entsprechende Verständnis für seine Situation zeigen, gewinnen Sie einen Freund und Promotor für Ihr Unternehmen (siehe Seite 74 f).

Ein Kundenkontakt hat folgende Phasen, die Sie jeweils durch gezielte Telefonaktionen begleiten sollten: Akquisitionsphase, Angebotsphase, Kaufphase, Nachkaufphase, Betreuungsphase und eventuell eine Krisenphase.

Zehn Schritte zur Vorbereitung und Durchführung von Telefonmarketing-Aktionen

1. Definieren Sie den Kontaktanlass.
2. Erstellen Sie eine Aktionsplanung.
3. Schreiben Sie ein Skript.
4. Erstellen Sie einen Reportbogen für Ihre Aktion.
5. Formulieren Sie Argumentationshilfen.

6. Rufen Sie mindestens 20 Interessenten bzw. Kunden direkt hintereinander an.
7. Hören Sie sich selbst zu während Ihrer Telefonate. Notieren Sie: Was hat gut geklappt, was hat weniger gut funktioniert? Wie hat der Gesprächspartner auf was reagiert?
8. Werten Sie die Ergebnisse Ihrer Reportbögen aus. Welche Erfahrungen haben Sie gemacht? Welche Informationen haben Sie bekommen?
9. Verändern Sie, wenn notwendig, Skript, Report und Argumentationshilfen gemäß Ihrer Erfahrungen.
10. Machen Sie weiter! Viel Erfolg!

4.2   Was braucht der Kunde?

Kennen Sie die Anrufe, in denen Sie nach einer kurzen Begrüßung mit allgemeinem Wortschwall überfallen werden: „Sicherlich zahlen Sie enorm hohe Steuern und möchten Steuern sparen ... Dazu habe ich Ihnen ein interessantes Anlageprojekt anzubieten ..."
Diese Verkäufer machen einen entscheidenden Fehler. Sie wollen dem Kunden auf Teufel komm raus etwas Bestimmtes verkaufen. Doch um seriös und erfolgreich im Sinne einer langfristigen Kundenbindung zu verkaufen, ist es wichtig zu wissen, was der (potenzielle) Kunde braucht und was er will.

Deshalb müssen Sie erfahren, bevor Sie ein Angebot unterbreiten, ob überhaupt ein Bedarf vorhanden ist und vor allem, welche Entscheidungskriterien in diesem

Verkaufsgespräch bzw. Verkaufsprozess wichtig sind. Erstellen Sie eine Bedarfsanalyse.

1. Sachliche Kriterien

Hierbei geht es um qualitative und quantitative Faktoren: Besitzt der Kunde Geräte, zu denen das Zubehör, das Sie verkaufen wollen, passt? Wie viel davon? Was produziert er damit? (Dadurch wissen Sie, welche Anforderungen gestellt werden.) Diese Analyse der sachlichen Kriterien kann schon zum „Knock-out" für Ihr Produkt führen, wenn Sie ihm z. B. eine Sanierung seines Flachdachs anbieten und er gar keines hat.

2. Persönliche Kriterien

Kunden und Interessenten, ja auch die eingefleischtesten Einkäufer unter diesen, haben persönliche Vorlieben und Neigungen zu den Produkten, die sie kaufen. Geht es um ein „Lieblingskind" oder ein Produkt, das ihm z. B. hilft, sich in einem Projekt zu profilieren, wird sein Entscheidungsprozess sicherlich anders verlaufen als bei Produkten, die er routinemäßig mit geringem eigenem Interesse einkauft. Manche Kaufentscheidungen sind sogar unangenehm, weil sich der Käufer gar nicht auskennt und daher unsicher fühlt.

3. Systembedingte Kriterien

Wer entscheidet im Verkaufsprozess? Vorsicht! Das ist nicht nur derjenige, der letztendlich bezahlt. „Graue Eminenzen", die Sekretärin als Vertrauensperson, der Anwender des Gerätes, der Abteilungsleiter XY, der den Bereich bald übernehmen wird, usw. können im Spiel noch mitmischen. Je mehr Personen Sie kennen, die auf die Kaufentscheidung Einfluss haben, umso gezielter können Sie argumentieren und überzeugen. Bei größeren Investitionen ist es von Vorteil, wenn Sie auch die politischen Konstellationen im Unternehmen kennen, da diese die Kaufentscheidung oft mehr beeinflussen als die Wettbewerbsvorteile Ihres Produkts.

4. Finanzielle Kriterien

Dieses ja nicht unwichtige Kriterium hängt eng von den oben genannten Kriterien ab. Es ist wichtig, dass Sie schon in der Bedarfsanalyse-Phase versuchen zu erkunden, wie weit der Budgetierungsprozess fortgeschritten ist, ob Geld bereitgestellt werden kann.

In der Phase der Bedarfsanalyse sind zwei wichtige Gesprächstechniken gefragt: Fragen und Zuhören. Nur wenn Sie auf den eigenen Monolog verzichten, erhalten Sie die für Sie notwendigen Informationen.

Schritt für Schritt eine zielgerichtete Bedarfsanalyse durchführen

1. Fragen Sie, ob Sie einige Fragen stellen dürfen.
2. Fangen Sie mit der Analyse der sachlichen Gegebenheiten und Kriterien an: Stellen Sie Informationsfragen, also offene Fragen (siehe Seite 36).
3. Erfragen Sie die persönlichen Bedürfnisse, Kriterien, indem Sie Aktivierungsfragen stellen (siehe Seite 36 f.).
4. Hinterfragen Sie systembedingte Einflussfaktoren und Kriterien durch Informations- und vor allem durch Zukunftsfragen (siehe Seite 36 f.).

5. Fragen Sie mutig nach den finanziellen Möglichkeiten und Entscheidungskriterien.
6. Führen Sie regelmäßig eine Bedarfskontrolle durch.

Bedarfsgerechtes, kundenorientiertes Verkaufen ist wichtig. Berücksichtigen Sie neben sachlichen Kriterien auch persönliche, systembedingte und finanzielle Entscheidungskriterien beim Kunden.

4.3 Ein individuelles Angebot formulieren

Die Bedarfsanalyse führt Sie zu den objektiven und subjektiven Entscheidungskriterien des Interessenten und zu seinen Bedürfnissen und Kaufmotiven – kurz: zu den Hintergründen seiner Kaufabsicht.

Eine intensive Bedarfsanalyse weckt das Interesse des Kunden für Ihr Anliegen bzw. Ihr Produkt. Ihre Fragen sind die ersten Schritte zur Schaffung eines Vertrauensverhältnisses, denn der Gesprächspartner merkt, dass Sie ihm nicht auf Teufel komm raus etwas andrehen wollen. Vielmehr erlebt er Ihr Interesse an seiner individuellen Situation.

Das passende Angebot

Der Kunde erwartet nun von Ihnen ein Angebot, das für ihn passt. Er möchte ein Problem lösen. Er erwartet, dass Sie speziell auf seine (Firmen)-Situation eingehen und ihn persönlich beraten. Selbstverständlich ist für ihn auch das Preis-Leistungs-Verhältnis entscheidend.

Wenn Sie nur Eigenschaften eines Produkts aufzählen oder nur die Art Ihrer Dienstleistung beschreiben, werden Sie diesen Kundenansprüchen nicht gerecht. „Der Nutzen regiert die Welt" (nach Schiller, Wallensteins Tod) – und auch den Erfolg in Ihrem Verkaufsgespräch am Telefon (siehe Seite 38).

Die Bedarfsanalyse zusammenfassen
Selbst noch so gute Fragen und konzentriertes Zuhören gewährleisten nicht, dass Sie den Kunden sachlich richtig verstanden und seine Bedürfnisse richtig herausgehört haben. („Gesagt ist nicht gehört, gehört ist nicht verstanden und verstanden ist nicht einverstanden!") Vergewissern Sie sich deshalb durch die Zusammenfassung des bisher Besprochenen, ob Sie richtig liegen: „Im Moment haben also alle zehn Bereichsleiter Ihres Hauses ein mobiles Telefon. Die neue Vertriebsstrategie stellt neue Anforderungen an die Außendienstmitarbeiter. Deshalb ist es wichtig, dass jeder Außendienstmitarbeiter jederzeit erreichbar ist und schnell agieren kann. Jetzt sollen alle ein mobiles Telefon bekommen...?" Durch die Zusammenfassung fühlt sich der Kunde verstanden, bzw. er hat die Möglichkeit, Sie zu korrigieren, falls Sie ihn missverstanden haben.

Nutzenargumente formulieren
Entwickeln Sie aus den Merkmalen Ihrer Produkte Nutzenformulierungen, denn allein die Eigenschaften eines Produkts überzeugen nicht. Das Aufzählen von Produkteigenschaften erschlägt eher Ihren Gesprächspartner, der ja in der Regel Laie ist. Nicht die Größe des Kofferraums wird gekauft, sondern die Tatsache, dass

viel Gepäck hineinpasst und deshalb bequem mit der ganzen Familie in Urlaub gefahren werden kann.

Individualität der Nutzenargumentation

Nicht jeder Nutzen passt zu jedem Gesprächspartner. Ein Single, der im Urlaub keine Familie transportieren muss, legt wahrscheinlich weniger Wert auf einen großen Kofferraum. Ihm ist möglicherweise ein schnittiges kleines Auto wichtiger als die geräumige Limousine. Aber auch hier gibt es keine „Schubladen". Wichtig ist, dass Sie Ihre Nutzenargumentation auf die Motive und Bedürfnisse ausrichten, die Sie in der Bedarfsanalyse erfahren haben. Dabei helfen Ihnen Brückenformulierungen (siehe Seite 39): „... das bedeutet für Sie", „Sie gewinnen dadurch ..."

Nutzenargumente sind kein Streusalz

Verwenden Sie lieber die richtigen, dem Bedarf des Kunden entsprechenden Formulierungen als zu viele beliebige. Durch das Herunterspulen von ungezielten Produktargumenten, die alle dem Kunden Nutzen bringen sollen, provozieren Sie eher Einwände wie „Brauch ich nicht, will ich nicht, bringt mir nichts".

Den richtigen Zeitpunkt wählen

Das beste Angebot verpufft, wenn die Zeit dazu noch nicht reif ist. „Wir sind im Geschäftsjahresabschluss und haben nicht die Ruhe, um uns mit dem Thema auseinander zu setzen ..." Achten Sie darauf, dass der Kunde für Ihr Angebot wirklich empfänglich ist. Denn wenn er noch durch viele andere Dinge blockiert ist, wird Ihr Angebot nicht beachtet.

Schlagen Sie die Brücke vom Bedarf zum passenden Angebot, indem Sie die Bedarfsanalyse zusammenfassen und kundengerechte, individuelle Nutzenargumente formulieren. Achten Sie auf jeden Fall auf den richtigen Zeitpunkt für Ihr Angebot.

4.4 Mit Einwänden richtig umgehen

Einwände sind positive Signale (im Verkaufsgespräch sogar Kaufsignale! Siehe Seite 62). Sie zeigen, dass der Kunde sich mit Ihren Vorschlägen bzw. Ihrem Produkt ernsthaft auseinander setzt, sonst würde er viel massiver blocken und seiner Ablehnung Ausdruck verleihen: „Ich kann das Produkt xy nicht gebrauchen", „Ich habe gerade gestern ein solches Produkt gekauft." Einwände, Zweifel, Unsicherheit, Abwägungen sind natürliche Phasen im Verkaufs- bzw. Verhandlungsprozess. Die wenigsten Gespräche verlaufen ohne Widerstände: „Also, ich kann mir nicht vorstellen, dass Ihre Software unseren individuellen Anforderungen entspricht ..."

Einwände haben zwei Ebenen
Einwände haben meist zwei Ebenen: eine sachliche und eine emotionale. Mit diesen müssen Sie umgehen (siehe Seite 31). Als Faustregel – was die emotionale Botschaft hinter Einwänden betrifft – gilt: In den meisten Widerständen drücken sich lediglich Unsicherheit oder Befürchtungen, teilweise auch Ungeduld und Verärgerung des Gesprächspartners aus (natürlich keine Regel ohne Ausnahme). Versuchen Sie deshalb einmal folgende Vorgehensweise:

Den emotionalen Gehalt herausfiltern

Fragen Sie sich, wenn Sie einen Einwand hören: Was will mir der Gesprächspartner wirklich sagen, wo liegen seine Unsicherheit, seine Befürchtungen, seine Ungeduld, sein Ärger? Lesen Sie also zwischen den Zeilen seines Einwands: „Sie haben also die Befürchtung, dass unsere Software zu standardisiert ist und Besonderheiten in Ihrem Anwendungsbereich nicht abdeckt ...“

Hintergrundfragen stellen

Einwände werden oft nur oberflächlich formuliert, ohne die Unsicherheiten wirklich beim Namen zu nennen. Wenn Sie diese hinterfragen, kommen Sie näher an die Widerstände Ihres Gesprächspartners heran. Außerdem hat es den Effekt, dass Ihr Gesprächspartner spürt, dass Sie seine Einwände nicht ablehnen, abwerten oder übergehen, sondern sich damit ernsthaft auseinander setzen: „Frau ..., an welche besonderen individuellen Anwendungen denken Sie dabei?“

Annahmen abklären

Überprüfen Sie, ob in diesem Fall Unsicherheiten wirken, die erfahrungsgemäß in Ihren Verhandlungen auftreten: „Frau ..., ist es richtig (trifft es bei Ihnen zu ...), dass Ihre EDV-Abteilung von der Einführung einer Standardlösung überzeugt werden muss?“

Verständnis für Widerstand zeigen

Denken Sie daran: Der Einwand zeigt eher, dass Ihr Gesprächspartner angebissen hat. Wenn Sie den Einwand ernst nehmen, werden Sie erfolgreicher Ihr Gespräch beenden. Ihr Gesprächspartner wird Ihnen

viel eher die Gelegenheit geben, die letzten Zweifel aus-
zuräumen, wenn er merkt, dass Sie ihn verstehen und
ihm helfen können: „Ich verstehe, dass Sie unsicher sind,
ob unsere Software Ihren individuellen Anforderungen
entspricht ... Lassen Sie uns einfach etwas mehr ins
Detail gehen ...“

Nutzen Sie Argumentationshilfen

Sie brauchen vorformulierte Argumentationshilfen, um
im Gespräch flexibel agieren zu können. Je weniger Sie
nach Argumenten suchen müssen, umso mehr können
Sie sich auf die Hintergründe der Aussagen Ihres
Gesprächspartners konzentrieren. Sie werden hellhöri-
ger für indirekte Botschaften, die zwischen den Zeilen
an Sie gerichtet werden und meist emotionaler Natur
sind. Aber: Lesen Sie die Formulierungen nicht sche-
matisch ab, sondern setzen Sie sie flexibel ein.
Erstellen Sie vor jedem Anruf eine Liste:

Kundeneinwand: _____

Antwort: _____

Kundeneinwand: _____

Antwort: _____

Einwände sind positive Signale des Kunden – Kaufsig-
nale. Gehen Sie auf diese ein, und zeigen Sie Verständ-
nis für den Kunden. Erfragen Sie die Hintergründe sei-
nes Widerstands – und wenden Sie diese ins Positive.

4.5 Der erfolgreiche Abschluss

Nach der Angebotsphase sollten Sie alle Antennen auf Empfang schalten. Wie der Kunde jetzt reagiert und was er jetzt sagt ist entscheidend für Ihren Verkaufserfolg. Hören Sie genau zu, und lesen Sie zwischen den Zeilen. Nehmen Sie Kaufwiderstände verständnisvoll an, und erfragen Sie die sachlichen und emotionalen Hintergründe des Einwands.

Viele Vertriebsmitarbeiter, auch Telefonverkäufer, haben Angst vor dem Abschluss. Das „Abschluss-Syndrom" besteht vor allem in der Befürchtung, dass der Kunde Nein sagen könnte. Dabei ist es einfach, den Weg zum Abschluss zu finden, wenn man nur gut hinhört und die Kaufsignale erkennt.

Kaufsignale erkennen
Welche Fragen stellt der Kunde, nachdem Sie Ihr Angebot präsentiert haben? Merke: Je detaillierter die Reaktion und die Fragen, desto näher ist der Kunde am Kauf (z. B. „Haben Sie diese Türgriffe auch in der Farbe unseres Logos?"). Denken Sie daran: Die Preisfrage, ja sogar der Preiseinwand „zu teuer" signalisiert, dass der Kunde kurz vor dem Verkaufsabschluss steht. Es liegt nun an Ihnen, geschickt „den Sack zuzumachen" (siehe Seite 37).

Kaufsignale als Aufhänger für den Abschluss
Greifen Sie die konkreten Fragen Ihres Gesprächspartners auf, um Schritt für Schritt auf den Abschluss hinzuarbeiten bzw. endgültig die Abschlussfrage zu stellen.

(Kunde: „Wie sehen Ihre Lieferzeiten aus?" Antwort: „Angenommen, Sie beziehen unser Produkt regelmäßig, wie schnell brauchen Sie die einzelnen Posten?" Kunde: „Nach Abruf innerhalb von zwei Tagen." Antwort: „O.K., das machen wir gerne. Sind Sie damit einverstanden, dass wir Ihnen die Ware unter diesen Bedingungen liefern?") Je mehr es Ihnen gelingt, die Kaufsignale des Kunden aufzugreifen und durch die Antworten auf seine Fragen „den Sack zuzuschnüren", umso mehr rutschen Sie wie selbstverständlich in den Abschluss.

Den Mut zum Abschluss finden

Noch so viele Kaufsignale und eine noch so gute Abschlusstechnik nutzen Ihnen nichts, solange Sie sich vor dem „Nein" des Kunden fürchten. Versichern Sie sich: Selbst wenn der Kunde „Nein" sagt, wird er Ihnen eine Begründung geben, warum. Sie haben also wieder eine neue Möglichkeit, anzuknüpfen und Ihr Verkaufsgespräch weiter fortzuführen. (Kunde: „Nein, die Erfüllung dieser Lieferbedingungen reicht mir noch nicht. Ich habe vom Mitbewerb ein günstigeres Angebot vorliegen ..." Antwort: „Ah, Herr ..., das ist interessant. Lassen Sie uns doch einmal die beiden Angebote und die darin enthaltenen Konditionen vergleichen ...")

Zeit für Preisverhandlungen

Lassen Sie sich auch von dem hartnäckigsten Preisdrücker nicht zeitlich unter Druck setzen. Vor allem: Geben Sie, selbst wenn der Kunde es fordert, nie im gleichen Telefongespräch einen Preisnachlass oder Rabatt. Das Telefon gibt Ihnen die Möglichkeit, Zeit zu gewinnen: „Frau ..., Sie fordern viel von mir. Dies muss ich nochmals durchkalkulieren und mit unserem Controller (mit meinem Chef) durchsprechen. Darf ich Sie dazu morgen früh wieder zurückrufen?" Dieses Vorgehen zeigt Ihrem Gesprächspartner, dass es keinesfalls alltäglich ist, dass Sie Preisnachlässe geben, dass dies bei Ihnen eine Prozedur erforderlich macht. Sinnvoll ist es auch, in solchen Fällen den Gesprächspartner von einem anderen Kollegen oder dem Vorgesetzten zurückrufen zu lassen. Dies wertet auf und reicht dann oft, verbunden mit einem kleinen Zugeständnis, den „Händlergeist" zu befriedigen. Wenn Sie sofort im gleichen Gespräch Preiszugeständnisse machen, laufen Sie Gefahr, als unglaubwürdig zu erscheinen. (Kunde denkt: „Wenn ich nicht gedrückt hätte, wäre ich übervorteilt worden.")

 Achten Sie, nachdem Sie ein Angebot unterbreitet haben, sehr aufmerksam auf die Reaktionen des (potenziellen) Kunden. Erkennen Sie in Nachfragen und Einwänden mögliche Kaufsignale, und gehen Sie auf diese ein. Gelangen Sie durch gezielte Fragen zum Abschluss.

4.6 Skripte für das telefonische Verkaufen

Legen Sie sich die folgenden Skripte neben Ihr Telefon, wenn Sie eine Verkaufsaktion starten. Gehen Sie sie Schritt für Schritt durch; dabei sollten Sie sich vor Abheben des Telefonhörers bereits konkrete Formulierungen zurecht gelegt haben.

Rohentwurf Skript (Beispiel: Verkauf)

An der Telefonzentrale/im Sekretariat

1. Gesprächspartner begrüßen, sich vorstellen
2. Ansprechpartner ermitteln
3. Weiterverbinden lassen
4. „Worum-geht-es"-Fragen geschickt beantworten

Wenn Sie weiterverbunden wurden

1. Gesprächspartner begrüßen, sich vorstellen
2. Verantwortlichkeit klären
3. Positiven Gesprächseinstieg wählen, Interesse wecken
4. Klären, ob das eigene Unternehmen bekannt ist, sonst vorstellen
5. Kurze Begründung des Anrufs geben
6. In die Bedarfsanalyse einsteigen
7. Konkrete Fragen zur Bedarfsanalyse stellen, Bedarf ermitteln

Wenn der Gesprächspartner kurzfristigen Bedarf hat

1. Angebot unterbreiten, Termin vereinbaren
2. Merkmal-Vorteil-Nutzen-Argumentation
3. Dialogfrage
4. Abschlussfrage
5. Rückbestätigung
6. Stammdaten aktualisieren/erfragen
7. Nächste Schritte festlegen (Unterlagen, erneuter Anruf)
8. Sich bedanken und freundlich verabschieden

Nutzen Sie den folgenden Rohentwurf für einen Report:

Rohentwurf Report (Beispiel)

Adresse: _____
_____
_____

Ansprechpartner:	Entscheidungsträger:

Anruf am: _____   Ergebnis: ☐ besetzt
Schriftl. Kontakt am: _____   ☐ falsche Adresse
Pers. Kontakt am: _____   ☐ Partner nicht
Gesprochen mit AP: _____   erreicht

Bedarfsanalyse (Beispiel)

Anzahl Mitarbeiter: _____
                         Ja   Nein
kauft beim Mitbewerb: _____ ☐   ☐   bei wem? _____
hat unsere Produkte schon: _____ ☐   ☐   welche? _____
plant Erweiterung: _____ ☐   ☐
welche? _____

Wünscht Termin mit AD Ja / Nein
Wann? Innerhalb der nächsten ☐ 3 Monate ☐ später
Bemerkungen: (Freitext) _____
_____

Weitere Bearbeitung:

Wiederanruf am _____
Unterlagen zusenden _____
AD-Besuch vereinbart am _____

Qualifiziertes Telefonmarketing gewinnt in allen Branchen an Bedeutung. Es lässt sich nicht nur für die Neukundengewinnung, sondern auch für die Kundenpflege erfolgreich einsetzen:

- *Bereiten Sie, abgestimmt auf die jeweilige Phase im Kundenkontakt, gezielt Telefonaktionen vor.*
- *Nutzen Sie ein Skript für den Ablauf der Telefonate, einen Report zur Kontrolle und eine Liste mit Argumentationshilfen.*
- *Orientieren Sie sich stets an den Interessen des (potenziellen) Kunden: Welchen Nutzen bietet ihm Ihr Produkt/Ihre Leistung?*
- *Sprechen Sie den (möglichen) Kunden sowohl auf der Sach- wie auf der Beziehungsebene an.*
- *Erkennen Sie in Einwänden des Kunden Kaufsignale, und entwickeln Sie daraus Nutzenargumente.*
- *Führen Sie durch eine überzeugende Fragetechnik den Kaufabschluss herbei.*

5. Reklamationen – mit unzu- friedenen Kunden umgehen

Kennen Sie Möglichkeiten, einer Reklamation schrittweise auf den Grund zu gehen?   *Seite 70*

Wissen Sie, wie Sie bei einem verärgerten Kunden den „emotionalen Knoten" lösen?   *Seite 70*

Kennen Sie positive Effekte der Reklamationsanalyse?   *Seite 75*

Kennen Sie solche oder ähnliche Gesprächssituationen?

Kundin: „Jetzt haben Sie mir schon dreimal den Liefertermin für meine Wohnzimmerstühle abgesagt! Der Tisch ist doch schon acht Wochen da, nur nicht die Stühle ... Und nächste Woche habe ich meine Silberhochzeitsfeier! Wo sollen die Leute denn da sitzen, frag ich Sie?! Die alten Stühle hat meine Tochter schon mitgenommen. Mein Mann und ich sitzen schon seit zwei Monaten auf Campingstühlen! Ich verlange, dass Sie mir zusichern, dass die Stühle nächste Woche geliefert werden!"

Verkäufer: „Zusichern kann ich Ihnen gar nichts, sicher sind die Stühle vom Hersteller nicht lieferbar, und wenn der uns den Liefertermin ständig verschiebt, können wir gar nichts dafür und wir können da gar nichts machen."

Kundin fällt ins Wort: „Aber das ..."

V: „Geben Sie mir erst mal Ihre Kundennummer!"

K: „Hab ich nicht da, ich hab ja schon x-mal angerufen ..."

5.1 Acht Schritte, um verärgerte Kunden zu beruhigen

Wie kommt es zu solchen Situationen? – In den meisten Reklamationsgesprächen reden die Verkäufer am Kunden vorbei. Sie erkennen nicht das Problem des Kunden und gehen nicht auf ihn ein. Wenn der Kunde anruft und etwas reklamiert, dann hat sein Problem zwei Dimensionen: den sachlichen Hintergrund und die emotionale Betroffenheit (siehe Seiten 31 und 59). In der Regel werden im Reklamationsgespräch jedoch ausschließlich die sachlichen Hintergründe behandelt.

In unserem Beispiel ist die Tatsache, dass die Stühle noch nicht da sind, der sachliche Grund der Reklamation. Die emotionale Botschaft steht zwischen den Zeilen: „Ich stehe unter Druck, weil ich keine Stühle habe. Ich werde mich an meiner Silberhochzeitsfeier, auf die ich mich so gefreut habe, blamieren, weil die Gäste auf alten Stühlen sitzen." Der Verkäufer geht auf diese Gefühlsbotschaft überhaupt nicht ein. Was sollte er hier besser tun?

1. Konzentriert zuhören – vor allem am Anfang
Das wirkliche Problem erzählt Ihnen der Kunde in der Regel schon in den ersten Sätzen. Aber oft hindern wir uns selbst gerade zu Beginn eines Gesprächs am Zuhören: Wir erledigen noch nebenbei eine andere Arbeit, oder wir rufen uns schon die Daten des Kunden in der EDV auf und lesen in den entsprechenden Vorgängen.

2. Genau hinhören
Unterscheiden Sie zwischen dem sachlichen Hintergrund und der emotionalen Betroffenheit des Anrufers! Zur Lösung des Konflikts müssen Sie auf beide Dimensionen eingehen.

3. Verständnis zeigen
Lösen Sie zuerst den emotionalen Knoten! Konzentrieren Sie sich auf die Gefühle und die Betroffenheit des Anrufers, und zeigen Sie echtes Verständnis für den Ärger, die Verunsicherung, die Enttäuschung. Erst wenn sich der Kunde verstanden fühlt, lösen sich die emotionalen Blockaden, und er ist bereit und offen für

die sachliche Lösung seines Problems. („Oh Frau ..., das verstehe ich, dass Sie sich geärgert haben, sicherlich haben Sie sich schon auf die Möbel gefreut.")

Sprechen Sie offen die Gefühle des Kunden an. Negative Erlebnisse und Probleme lassen sich nicht durch ein „das ist doch alles nicht so schlimm ..." unter den Teppich kehren.

Durch die Rückformulierung seiner Gefühle zeigen Sie Ihrem Gesprächspartner, dass Sie ihn verstanden haben, und ermutigen ihn, sein Problem und seinen Ärger vollständig loszuwerden.

4. Sich selbst aufmerksam zuhören

Gerade der aufgebrachte Kunde reagiert auf Nuancen von Zwischentönen besonders empfindlich. Ein Vorwurf im Unterton („Ja, wann haben Sie denn bestellt ...?") wird den Anrufer noch mehr verärgern und seinen Kampfgeist herausfordern. („Früh genug! Mindestens schon vor drei Monaten! Ich kenne ja schließlich Ihre langen Lieferzeiten!") Streichen Sie folgende Formulierungen aus Ihrem Reklamationswortschatz: „Sie müssen, sollten, hätten besser, ..." und „ja, aber" sowie das Wörtchen „denn".

5. Nachfragen

Definieren Sie das sachliche Problem genau und fassen Sie dieses noch einmal zusammen.

Auch dies zeigt dem Kunden, dass Sie verstehen, dass sein Problem wichtig ist und dass Ihnen an einer sorgfältigen Lösung gelegen ist. („Am Wievielten findet Ihr Silberhochzeitsfest statt? ... Sie brauchen die Stühle also spätestens am ...")

6. Gemeinsam eine Lösung suchen

„Was können wir tun, damit Ihre Gäste an der Silber-hochzeit auf schönen Stühlen sitzen? ... Können wir z.B. ähnliche Stühle aussuchen, eventuell mit einem anderen Bezug, die auch zu Ihrem Tisch passen?"
Wenn Sie eine Lösung vorschlagen, rückversichern Sie sich immer, ob der Kunde auch einverstanden ist.
Und wenn es wirklich keine Lösung gibt? Dann hilft nur eins: Verständnis zeigen, die Situation bedauern, Verständnis zeigen, bedauern ...

7. Entschuldigen und bedanken

„Das tut mir Leid, dass Sie so viel Aufregung und Ärger hatten. Ich bin wirklich froh, dass Sie angerufen haben und wir Ihnen helfen konnten. Dankeschön für Ihr Ver-trauen zu uns."
Achtung: Entschuldigen Sie sich nur für den Ärger, noch nicht dafür, was möglicherweise passiert ist. Erst wenn die Tatsachen geklärt sind, können Sie sich, wenn nötig, für Fehler entschuldigen.

8. Geplante Vorgehensweise zusammenfassen

„Wir unternehmen also jetzt ... Ich rufe Sie dann in einer Stunde wieder an und sage Ihnen Bescheid, was ich erreicht habe. Sind Sie damit einverstanden?"

Wenn Sie mit einem verärgerten Kunden telefonieren, hören Sie ihm aufmerksam zu und zeigen Sie Verständ-nis für sein Problem. Entschuldigen Sie sich. Achten Sie genau auf Ihre Worte. Suchen Sie gemeinsam mit dem Kunden eine Lösung und fassen Sie die geplante Vor-gehensweise zur Absicherung zusammen.

5.2 Jede Reklamation ist eine Chance

60 Prozent der Reklamationen erfahren Sie nicht. Diese unzufriedenen Kunden beschweren sich nicht bei Ihnen, sondern ausschließlich bei anderen, nämlich ihren Freunden, Bekannten, Geschäftspartnern. Was können Sie tun, damit Sie die vielfältigen Chancen nutzen, die in Reklamationen und Beschwerden liegen?

Die Einstellung zu Reklamationen

Jeder sollte dankbar sein für jeden unzufriedenen Kunden, der sich meldet. Reklamationen sind nichts Schlechtes, sie sind keine Angriffe von notorischen Nörglern, sie sind keine persönliche Beleidigung desjenigen, der die Beschwerde gerade entgegennimmt. Vielmehr sind sie Ergebnisse oft sogar mehrerer Ereignisse, die den Kunden in ärgerliche und schwierige Situationen gebracht haben. Wer auch immer die Schuld für eine Reklamation trägt (der Kunde selbst, das Unternehmen oder ein Dritter), der Kunde hat sich geärgert, sein Verhältnis zum Unternehmen wurde empfindlich gestört. Gerade jetzt verdient er besondere Aufmerksamkeit und muss sorgfältig behandelt werden.

Aktion statt Reaktion

Aus der häufigen Reaktion „Oh je, schon wieder einer, der reklamiert! Der will uns bestimmt nur einen reinwürgen, und ich muss wieder mal sehen, wie ich mich meiner Haut wehren kann" sollte Aktion werden: „Prima, da ruft einer an, um uns seine negativen Erfahrungen mitzuteilen. Toll, dass der trotz des Ärgers, den er hatte, noch mit uns reden will."

Reklamationen ernst nehmen: Wiedergutmachungen
„Wiedergutmachung" ist eine der wichtigsten Kunden-
erwartungen, hat British Airways in einer Marktunter-
suchung über Servicequalität herausgefunden: Wenn
irgendetwas schief geht, erwarten Kunden, dass besondere Anstrengungen unternommen werden, um die
Dinge wieder in Ordnung zu bringen. Sorgen Sie also
dafür, dass Reklamationen exakt und schnell bearbeitet
werden. Dazu gehört, dass die Gründe, Hintergründe
und Daten und Fakten einer Reklamation ausreichend
dokumentiert werden. Überprüfen Sie die Abläufe in
Ihrem Unternehmen darauf, ob diese eine unbürokrati-
sche und schnelle Abwicklung von Reklamationen
gewährleisten. Alle Mitarbeiter, die mit Beschwerden
konfrontiert sind, sollten ausreichend Entscheidungs-
kompetenzen haben, um schnell agieren zu können.

Schriftliche Reklamationen telefonisch beantworten
Ein Kunde, der sich die Mühe gemacht hat, Ihnen in
einem Brief seine Unzufriedenheit mitzuteilen, verdient
besondere Beachtung. In vielen Unternehmen dauert es
viel zu lange, bis diese Briefe beantwortet werden. Da
der Kunde schriftlich außerdem seine Emotionen weniger ausdrückt als am Telefon, sind diese Antwortschrei-
ben dann in der Regel auch sehr formal, sachlich bis
bürokratisch. Hier sollten Sie den persönlichen Dialog
mit dem unzufriedenen Kunden schnell initiieren.
Schon allein die Tatsache, dass Sie direkt persönlich auf
sein Schreiben reagieren, wird Ihnen Pluspunkte ein-
bringen. Der Kunde sieht, dass sein Anliegen sehr wichtig genommen wird und dass Ihrem Unternehmen ein
verärgerter Kunde nicht egal ist.

Reklamationsgründe analysieren

Die wenigsten Unternehmen wissen, wie viele und welche Reklamationen und Beschwerden tagtäglich eingehen. In der Vielzahl der Anrufe gehen die Anliegen der unzufriedenen Kunden unter. Dadurch werden jedoch zwei wichtige Chancen vertan:

1. Durch die Kenntnisse der Reklamationsgründe lassen sich Ursachen für Beschwerden erkennen und abstellen. So führen zum Beispiel oft kleinere Änderungen in Beipackzetteln oder Gebrauchsanleitungen zu weniger Beschwerdeanrufen, weil Bedienungsfehler vermieden wurden. Die Verteilung der Anrufe ist weiterhin ein wichtiger Indikator für Schwachstellen in Ihrem Unternehmen.

2. In den Störungsmeldungen, Klagen und Beschwerden über Ihre Produkte stecken Chancen zur Produktverbesserung. Wenn Sie diese Informationen der Kunden ernst nehmen und sorgfältig auswerten, erhalten Sie wertvolle Hinweise für Ihre Produktentwicklung und auch für Ihr Produktmarketing.

Ziele für die Reklamationsbehandlung

Legen Sie fest, in welchem Zeitraum die entsprechenden Beschwerden Ihrer Kunden bearbeitet sein sollen. Halten Sie zum Beispiel fest, wie viele der eingehenden Reklamationen innerhalb eines Tages zufrieden stellend gelöst wurden. Die Rückmeldung dieser Ergebnisse ist für Sie selbst eine positive Motivation. Klagen von Kunden werden nicht mehr ausschließlich als persönliche Angriffe empfunden, die es abzuwehren gilt. Vielmehr wird die Bearbeitung als Ziel definiert und das Ergebnis entsprechend belohnt.

In der offensiven Reklamationsbehandlung und dem aktiven Beschwerdemanagement stecken Chancen für alle:

- *Der Kunde ist zufrieden, seine Reklamation zeigt Wirkungen und er erhält zukünftig bessere Leistungen.*
- *Das Unternehmen bindet mit relativ wenig Aufwand treue Kunden und gewinnt durch Mundpropaganda neue hinzu; es erhält wichtige Informationen zur Neu- und Weiterentwicklung seiner Produkte und Leistungen.*
- *Ihnen macht Ihre Aufgabe mehr Spaß, Sie arbeiten mit weniger nervlichem und zeitlichem Stress, Sie werden anerkannt und erleben sich als wichtiges Bindeglied zwischen Unternehmen und Kunde.*

Zehn Schritte
zum erfolgreichen Business-Telefonat

10. Kontakt vereinbaren, freundlich verabschieden

9. Zusammenfassen, Zustimmung einholen

8. Vorteile zeigen, Vorschläge bieten

7. Bestätigung einholen

6. Hintergrundbotschaft entschlüsseln

5. Genau hinhören

4. Informationen erfragen

3. Aktiv zuhören

2. Emotionale Brücke schlagen

1. Positives Gesprächsklima schaffen

Register

Zu diesem Themenkreis
sind bereits erschienen:

 Jörg Wurzer:
30 Minuten für beruflichen Erfolg mit emotionaler Intelligenz

ISBN 3-930799-92-8

 Elizabeth Tierney:
30 Minuten für erfolgreiche Kommunikation

ISBN 3-930799-83-9

 Brian Finch:
30 Minuten für professionelles Verhandeln

ISBN 3-930799-95-2

 Jane Smith:
30 Minuten für die richtige Entscheidung

ISBN 3-930799-82-0

 Lothar J. Seiwert:
30 Minuten für optimale Kundenorientierung

ISBN 3-930799-93-6

Jeder Band:
DM 9,80 / öS 72 / sFR 9,80

Fragen Sie in Ihrer Buchhandlung nach weiteren Bänden dieser Reihe, oder fordern Sie einen Verlagsprospekt an:

GABAL Verlag
Schumannstraße 161, 63069 Offenbach
Tel.: 0 69/84 00 03-22; Fax: 0 69/84 00 03-33